行政書士実務選書

旅館・ホテルの開業手続完全ガイド

―関連許認可と3つのケーススタディ―

特定行政書士 谷内田 真也 著
行政書士 伊藤 浩 監修

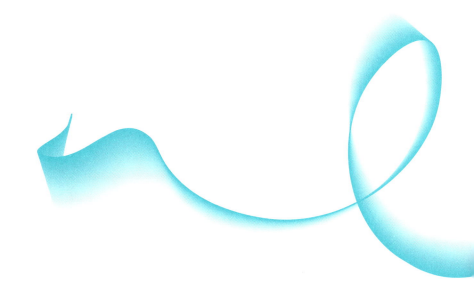

発行 恒春閣

は じ め に

　旅館業等の宿泊施設を含む観光業界全体が、2020年から約３年にわたって続いた、いわゆる新型コロナウイルス感染症（COVID-19）による各種の行動規制によって大きな影響を受けたことは、読者の皆様もご承知のことであろう。新型コロナ以前の観光業界は、東京オリンピックの開催決定や政府主導による観光立国の推進等の影響もあり、訪日観光客が年々右肩上がりに増加しているという状況であった。観光庁による統計である、宿泊旅行統計調査によると、2019年の年間延べ宿泊者数は５億9590万人泊で、うち外国人が占める割合は、１億1570万人泊である。同統計によると、新型コロナウイルス感染症による行動規制が撤廃された2023年には同様の宿泊者数水準に戻っている。

　日帰り旅行も盛んに行われてはいるが、旅行には宿泊がつきものである。観光客は、観光地に一定期間滞在することで、その地域で宿泊、飲食、土産物、各種体験といった行為に関する費用を落とすことになる。このような宿泊施設を営むためには、あらかじめ行政機関に対して許可を求める申請等をして、許可を得ることが必要である。

　本書では、日本における宿泊事業のうち、特に旅館業法に基づく旅館・ホテル営業の行政手続の解説に焦点を当て、宿泊施設の開業に必要な行政手続の流れや注意点、関連する法規制や調査方法について解説を試みている。また、旅館業法に関する法律実務書が少ないという実情にも鑑み、欲張りにも、コンメンタール的な要素も多分に含んでいる。ただし、この手の本にありがちな、具体的な書類の作成方法を解説するものではない。

　業として、旅館業営業許可の申請手続に携わったことのある方であれば多分にご理解いただけるものと考えているが、旅館業の申請書類は、所管する地方公共団体により異なるものであり、標準の申請書というものは存在しない。申請書類の内容が類似していたとしても、記載方法や

こだわりポイントは当該地方公共団体により異なるため、特定の地方公共団体の申請書類の記載方法に精通したとしても、あまり意味がない。それよりも、旅館業の営業許可という行政手続の根底に流れる考え方等を身に付け、手続を行う地方公共団体ごとに応用していくことの方がはるかに重要である。

　そのため、本書では、具体的な書類作成方法は取り上げず、宿泊事業そのものについての歴史や全体像、旅館業法や関連する法規制についての解説、旅館業営業許可の行政手続の概要やケーススタディを通じて、旅館業に関する行政手続の基礎力と応用力を読者の方々に身に付けていただくことを目的としている。

　本書の一次的な読者としては、業として、許認可申請等の行政手続を取り扱う国家資格者である行政書士を想定しているが、宿泊施設等を含む不動産の開発事業を展開するゼネコン等の建設業者や、不動産投資家をターゲットとして宿泊施設等の売買を行う宅地建物取引業者、あるいは遊休不動産の活用等を検討する不動産投資家の方々にとっても、役立つ情報が含まれていると自負している。

　本書の構成は、以下の通りである。まず序章で宿泊施設について、江戸時代から現代までの変遷を取り上げる。併せて、旅館業法の制定経緯や、制定後の主要な法改正の内容についても取り上げる。第1章では、宿泊事業の定義や、その分類について解説を加えている。第2章では、旅館業法の基礎力を身に付けることを目的として、逐条解説的な解説を試みている。ここでは、本書執筆時点で最新の改正法である、令和5年改正の内容についても取り上げている。第3章では、旅館業営業許可の行政手続に関連する、主要な法令についての解説をする。関連する法令は多岐にわたるため、網羅的ではないが、最低限押さえておきたいものを取り上げている。第4章は、本書のクライマックスともいえる部分である旅館業営業許可の申請手続について解説をしている。ここでは、まず一般的な手続の流れを解説し、その後3つの異なる仮想ケースを設定し、ケースごとに想定される手続の流れを解説している。第5章では、

旅館業の営業許可を取得した後に発生する行政手続や、許可事業者が守るべき旅館業法上の義務などを取り上げている。

　可能な限り、どの章から読んでも理解できるように配慮しているつもりではあるが、お時間のある方は、ぜひ、一度は序章から、法律実務書ではなく読み物のつもりで、通読してみていただきたい。

　本書が、宿泊施設の開業を目指す方々の一助となり、宿泊事業の円滑な開始と運営に貢献できることを心より願っている。

　　令和6年10月

特定行政書士

谷内田　真也

監修者のことば

　このたび、私が監修した『旅館・ホテルの開業手続　完全ガイド―関連許認可と３つのケーススタディ―』が出版する運びとなり、今までに専門実務書としての類書がなかったこともあり、心より嬉しく思っております。

　本書は旅館・ホテルの開業に伴う行政手続を中心に必要な情報を提供することを目的としています。

　日本の観光業は、世界的に注目を集めている産業の一つです。訪日外国人の増加や国内旅行の需要拡大に伴い、旅館やホテルの開業は新たなビジネスチャンスとなっています。開業には多くの行政手続きや許認可が必要であり、正しくこれらを踏まえ、遵守することが成功への鍵となります。本書では、旅館ホテルの開業や関連する行政手続きや許可取得の流れを、詳しく解説しています。

　また、本書の特徴として３つのケーススタディを収録しています。１つ目は都市型ホテル、２つ目はグランピング施設、３つ目は大規模リゾートホテルです。法規類を読んだだけではうかがい知れない手続の難しさや複雑さが理解できるものと思います。

　旅館やホテルを開業することは、観光を促進し、地域に貢献し、多くの人々に喜びを提供する素晴らしい事業です。本書がその事業の一助となり、皆様の成功を導く手助けとなることを祈念しております。

　令和６年10月

行政書士

伊藤　　浩

目 次

はじめに ……………………………………………………………… i

監修者のことば ……………………………………………………… iv

序章　旅館業法の変遷 ……………………………………………… 1

　1　宿泊施設の変遷 …………………………………………………… 3

　　①　江戸時代 ……………………………………………………… 3

　　②　明治時代 ……………………………………………………… 4

　　③　大正～昭和戦前期 …………………………………………… 5

　　④　戦時中 ………………………………………………………… 7

　　⑤　戦後～現在 …………………………………………………… 7

　2　旅館業法の制定 …………………………………………………… 9

　3　旅館業法の主な改正 …………………………………………… 12

　　①　昭和32年改正 ……………………………………………… 12

　　②　昭和45年改正 ……………………………………………… 12

　　③　平成8年改正 ……………………………………………… 13

　　④　平成15年改正 ……………………………………………… 13

　　⑤　平成17年改正 ……………………………………………… 14

　　⑥　平成24年改正 ……………………………………………… 14

　　⑦　平成28年改正 ……………………………………………… 14

　　⑧　平成29年改正 ……………………………………………… 15

　　⑨　令和5年改正 ……………………………………………… 16

第1章　宿泊事業の概要 …………………………………………… 17

　1　宿泊事業とは何か ……………………………………………… 19

　　①　宿泊事業の定義 …………………………………………… 19

　　　(1)　宿泊の対価 …………………………………………… 19

　　　(2)　施設 …………………………………………………… 20

　　　(3)　宿泊 …………………………………………………… 20

v

②　宿泊事業と賃貸業の違い ……………………………………… 21
2　宿泊事業の分類 …………………………………………………… 23
①　旅館業 …………………………………………………………… 23
②　住宅宿泊事業 …………………………………………………… 23
③　特区民泊 ………………………………………………………… 24
④　イベント民泊（イベントホームステイ）…………………… 25
3　宿泊事業を所管する行政機関………………………………… 25
①　公衆衛生という視点 …………………………………………… 25
②　観光拠点という視点 …………………………………………… 26

第2章　旅館業法の基礎 ………………………………………………… 29
1　旅館業法令の構造 ……………………………………………… 31
①　国（旅館業法、施行令、施行規則）……………………… 31
⑴　旅館業法 …………………………………………………… 31
⑵　旅館業法施行令 …………………………………………… 31
⑶　旅館業法施行規則 ………………………………………… 32
②　自治体（条例、規則）……………………………………… 32
⑴　条例 ………………………………………………………… 32
⑵　規則 ………………………………………………………… 32
③　通達等 ………………………………………………………… 33
2　旅館業法の解説 ………………………………………………… 34
①　旅館業法の目的 ……………………………………………… 34
②　旅館業法の定義 ……………………………………………… 35
⑴　旅館業 ……………………………………………………… 36
⑵　旅館業の営業種別 ………………………………………… 36
⑶　宿泊………………………………………………………… 37
⑷　特定感染症 ………………………………………………… 38
③　旅館業の営業許可 …………………………………………… 39
⑴　営業許可が必要なビジネスモデル……………………… 41
⑵　許可権者 …………………………………………………… 41

（3）　許可の対象 ………………………………………………… 42

　（4）　許可の基準 ………………………………………………… 42

　（5）　許可の条件 ………………………………………………… 44

　（6）　許可の有効期間 …………………………………………… 44

　（7）　許可の承継 ………………………………………………… 44

　（8）　許可事項の変更 …………………………………………… 45

④　営業者の義務 …………………………………………………… 46

　（1）　安全・衛生の維持・向上、施設の整備、宿泊サービス
　　　の向上、従業者への研修機会の提供 ………………………… 46

　（2）　衛生に必要な措置等 ……………………………………… 47

　（3）　宿泊拒否の禁止 …………………………………………… 47

　（4）　宿泊者名簿の作成・備え ………………………………… 49

⑤　旅館業法令和5年改正に伴い新たに追加された事項 ………… 50

　（1）　従業者への研修機会の提供 ……………………………… 50

　（2）　特定感染症のまん延防止のために必要な協力の求め …… 51

　（3）　宿泊拒否 …………………………………………………… 53

　（4）　厚生労働大臣による指針の作成 ………………………… 55

⑥　雑則 ……………………………………………………………… 56

　（1）　報告徴収等 ………………………………………………… 56

　（2）　措置命令 …………………………………………………… 57

　（3）　行政処分（不利益処分） ………………………………… 58

　（4）　聴聞等 ……………………………………………………… 59

　（5）　国等の責務 ………………………………………………… 60

⑦　罰則 ……………………………………………………………… 60

第3章　旅館業法関係法令 ………………………………………… 63

1　都市計画法 ……………………………………………………… 65

　①　都市計画区域・準都市計画区域・市街化区域・市街化調
　　　整区域 ………………………………………………………… 65

　②　用途地域 ……………………………………………………… 66

vii

③ 特別用途地区 ································· 66

④ 地区計画 ·································· 67

⑤ 防火地域・準防火地域 ····················· 67

2 建築基準法 ··································· 68

① 建築物 ···································· 68

② 建築物の用途 ····························· 69

③ 接道義務 ································· 69

④ 容積率 ···································· 70

⑤ 耐火構造・準耐火構造・耐火建築物・準耐火建築物 ········· 70

⑥ 防火区画 ································· 71

⑦ 非常用の照明装置 ························· 72

3 消防法 ····································· 73

① 防火対象物 ······························· 73

② 消防法施行令別表第1・特定用途の防火対象物 ············ 73

③ 消防設備の区分 ··························· 74

④ スプリンクラー設備 ······················· 74

⑤ 自動火災報知設備・消防機関へ通報する火災報知設備 ········ 76

⑥ 避難器具 ································· 76

⑦ 防炎物品 ································· 77

4 温泉法・公衆浴場法・食品衛生法 ··················· 78

① 温泉法 ···································· 78

⑴ 温泉の掘削 ··························· 78

⑵ 温泉の採取 ··························· 79

⑶ 温泉の利用 ··························· 79

② 公衆浴場法 ······························· 80

③ 食品衛生法 ······························· 80

5 水質汚濁防止法・大気汚染防止法・騒音規制法・振動規制
法等 ······································· 82

① 水質汚濁防止法 ··························· 82

② 大気汚染防止法 ··························· 83

③ 騒音規制法・振動規制法 ……………………………………… 83

④ 自家用電気工作物 …………………………………………… 83

⑤ 条例による規制 ……………………………………………… 84

6 農地法・森林法・自然公園法 …………………………………… 84

① 農地法 ………………………………………………………… 85

② 森林法 ………………………………………………………… 85

③ 自然公園法 …………………………………………………… 86

④ 都市計画法 …………………………………………………… 87

7 その他の法令 ……………………………………………………… 88

① クリーニング業法 …………………………………………… 88

② コインランドリー …………………………………………… 89

③ プール ………………………………………………………… 89

④ 浄化槽法 ……………………………………………………… 90

⑤ 水道法 ………………………………………………………… 90

⑥ 建築物衛生法 ………………………………………………… 91

⑦ 酒税法 ………………………………………………………… 91

⑧ 風営法 ………………………………………………………… 93

⑨ 興行場法 ……………………………………………………… 94

⑩ 国際観光ホテル整備法 ……………………………………… 94

⑪ 屋外広告物法 ………………………………………………… 94

⑫ 道路占用許可 ………………………………………………… 95

第4章 旅館業営業許可の申請手続 …………………………… 97

1 一般的な許可申請手続の流れ …………………………………… 99

① 事前調査 ……………………………………………………… 101

(1) 法令（書面）調査 ……………………………………… 101

(2) 現地調査 ………………………………………………… 102

② 事前協議 ……………………………………………………… 106

(1) 建築行政 ………………………………………………… 106

(2) 消防行政 ………………………………………………… 107

ix

(3)　保健所……………………………………………………107
　　　(4)　その他行政機関…………………………………………108
　　③　用途変更の確認申請……………………………………………109
　　④　消防設備工事の着工届…………………………………………109
　　⑤　書面作成及び申請………………………………………………110
　　⑥　工事・竣工・検査………………………………………………110
　　　(1)　建築検査………………………………………………………111
　　　(2)　消防検査………………………………………………………111
　　　(3)　保健所検査……………………………………………………112
　　⑦　許可………………………………………………………………113
　2　ケーススタディ1（都市型ホテル）………………………………113
　　①　前提条件…………………………………………………………115
　　②　事前調査…………………………………………………………115
　　　(1)　事業計画………………………………………………………115
　　　(2)　設計図書………………………………………………………115
　　　(3)　法令調査………………………………………………………116
　　　(4)　手引き・審査基準……………………………………………117
　　　(5)　現地調査………………………………………………………118
　　③　事前協議…………………………………………………………119
　　　(1)　建築・消防協議………………………………………………119
　　　(2)　保健所協議……………………………………………………119
　　　(3)　その他協議……………………………………………………120
　　④　書面作成・申請…………………………………………………121
　　⑤　検査………………………………………………………………122
　　　(1)　建築・消防検査………………………………………………122
　　　(2)　保健所検査……………………………………………………122
　3　ケーススタディ2（グランピング施設）…………………………124
　　①　前提条件…………………………………………………………125
　　②　事前調査…………………………………………………………125
　　　(1)　事業計画………………………………………………………125

x

(2)　文書調査 ……………………………………………………… 126

　　(3)　現地調査 ……………………………………………………… 126

　　(4)　法令調査 ……………………………………………………… 127

　　(5)　手引き・審査基準 ………………………………………… 129

　③　事前協議 ………………………………………………………… 129

　　(1)　建築・消防協議 …………………………………………… 129

　　(2)　都市計画・森林協議 ……………………………………… 130

　　(3)　保健所協議 ………………………………………………… 130

　　(4)　浄化槽・水質汚濁防止法協議 ………………………… 132

　　(5)　その他協議 ………………………………………………… 132

　④　書面作成・申請 ……………………………………………… 133

　⑤　検査 ……………………………………………………………… 135

　　(1)　建築・消防検査 …………………………………………… 135

　　(2)　保健所その他の検査 ……………………………………… 135

4　ケーススタディ3（大規模リゾートホテル）……………… 136

　①　前提条件 ………………………………………………………… 137

　②　事前調査 ………………………………………………………… 138

　　(1)　事業計画 …………………………………………………… 138

　　(2)　文書調査 …………………………………………………… 138

　　(3)　法令調査 …………………………………………………… 139

　　(4)　現地調査、手引き・審査基準 ………………………… 145

　③　事前協議 ………………………………………………………… 146

　　(1)　建築・消防協議 …………………………………………… 146

　　(2)　都市計画法・自然公園法・屋外広告物法 …………… 146

　　(3)　環境衛生・食品衛生・温泉関係 ……………………… 147

　　(4)　上下水道関係 ……………………………………………… 147

　　(5)　瀬戸法・大気汚染防止法・騒音規制法・振動規制法・

　　　　電気事業法 ………………………………………………… 147

　　(6)　その他協議 ………………………………………………… 148

　④　書面作成・申請 ……………………………………………… 149

xi

⑤　検査 ……………………………………………………… 151

第5章　許可取得後の手続等 ……………………………… 155

1　許可事項の変更等 ………………………………………… 157
①　法令上の規定 …………………………………………… 157
②　事業者情報に関する変更 ……………………………… 159
③　構造設備に関する変更 ………………………………… 159
④　営業の種別の変更 ……………………………………… 160
⑤　営業の休止・廃止 ……………………………………… 160

2　旅館業の事業承継 ………………………………………… 160
①　相続による承継 ………………………………………… 161
②　合併・分割による承継 ………………………………… 161
③　譲渡による承継 ………………………………………… 163

3　日々の管理業務等 ………………………………………… 164
①　構造設備基準に適合させる義務 ……………………… 164
②　衛生に必要な措置 ……………………………………… 164
③　宿泊拒否の禁止 ………………………………………… 165
④　宿泊者名簿の調製 ……………………………………… 166
⑤　特定感染症のまん延防止に関する協力の求め ……… 167

おわりに ………………………………………………………… 170

（巻末資料）旅館業関係法令リスト ………………………… 172

序章

旅館業法の変遷

序章　旅館業法の変遷

① 宿泊施設の変遷

① 江戸時代

　本書を読み進めていくにあたり、まずは現代に至るまでの宿泊施設の歴史について簡単に触れてみたいと思う。とはいえ、本書はあくまでも、旅館業法に関する行政手続について解説することを主眼に置いたものであるから、その詳細は、別途専門書に譲ることとする。

　さて、現在の旅館に類似する宿泊施設が確立したのは、江戸時代だといわれている。これは、戦乱の世の中が平定され、江戸幕府が成立し、五街道を中心とした諸街道の整備や、参勤交代制度の確立によるところが大きい。

　江戸時代の宿泊施設は、大きく分類すると、幕府関係者や大名などが宿泊するための施設と、市井の人々が宿泊するための施設の2つに分けることができる。前者はさらに本陣と脇本陣に、後者はさらに旅籠屋と木賃宿に分類可能である。本陣や脇本陣は、宿場町などの有力者の自宅があてがわれた。そのため、規模の大きいものでは数百坪に及ぶものもあったという[1]。本陣や脇本陣には、町人や百姓などの一般客を泊めることは原則として許されなかったが、大名通行の少ない街道では一般客が本陣に宿泊することもあった[2]。

　旅籠屋では夕食と朝食が提供され、私たちが想像するいわゆる旅館の形態に近いものであった。旅籠屋によっては、昼食用の弁当を提供することもあったという[3]。木賃宿では食事は提供されず、調理場所のみが提供され、宿泊者が自ら食材などを持ち込んで調理を行った。この際に、施設の利用料として薪代を支払い、提供された薪で煮炊きを行うことから、木賃宿と呼ばれるようになったという[4,5,6]。

　実際には、宿泊施設の利用用途や客層によって、これらの分類以外に

1　宮本常一、『日本の宿』、八坂書房、2009、p.156
2　深井甚三、『江戸の宿』、平凡社、2000、p.142
3　深井甚三、『江戸の宿』、平凡社、2000、p.194

3

もさまざまな分類がなされていたようである[7]。興味がある方はその道の書籍をあたっていただきたい。

　江戸時代の末期には、ペリー来航、開国という時代の転換点となる出来事を経て、諸外国と条約を締結し、箱館（函館；北海道）・横浜（神奈川）・長崎・新潟・神戸（兵庫）の5港が開港し、外国人居留地が設けられた。

　日本初のホテルには諸説あり、日本人の手によって洋風の構造を取り入れ、建設されたホテルという意味では、慶應4（1868）年に江戸で竣工・開業した築地ホテル館が日本初のホテルであるともいわれている[8]。築地ホテル館以前では、居留地である横浜に万延元（1860）年に設置されたYOKOHAMA HOTEL（横浜ホテル）がある[9]。いずれにせよ、幕末から明治にかけて、ホテルが日本史に登場した。

② 明治時代

　江戸時代が終わり明治に入り、鉄道が敷設されるようになると、それに伴い江戸時代に整備された諸街道は徐々に衰退していった。諸街道が衰退していくことによって、街道上の宿場町に整備された本陣や旅籠屋といった宿泊施設も、経営が立ち行かないようになった。人の移動も街道から鉄道へと移り変わり、宿泊施設は鉄道駅から至近の距離に整備されるようになった。いわゆる、駅前旅館である[10]。江戸時代の旅籠屋は、

4　安藤優一郎、『江戸の旅行の裏事情　大名・将軍・庶民それぞれのお楽しみ』、朝日新書、2021、p.51

5　宮本常一、『日本の宿』、八坂書房、2009、p.184

6　深井甚三、『江戸の宿』、平凡社、2000、p.87

7　湯治を目的とした湯治宿、寺社への参拝のために設けられた宿坊、信仰のために旅をする人に無償で提供された善根宿等。四国八十八箇所巡礼のいわゆる四国遍路では、この善根宿の文化が今でも色濃く残っている。

8　木村吾郎、『日本のホテル産業　100年史』、明石書店、2006、p.25

9　木村吾郎、『日本のホテル産業　100年史』、明石書店、2006、p.3

10　徳江順一郎、『宿泊産業論—ホテルと旅館の事業展開—』、創成社、2023、p.143

序章　旅館業法の変遷

居室をふすまなどの簡易的な仕切で区切ったものであったが、この時代に入ると、客室同士を間仕切壁で区画した宿泊施設が現れた[11]。

我が国の鉄道の歴史を簡単に振り返ると、明治５年に新橋から横浜の間で初の鉄道が開業すると、その後急速に鉄道網は整備され、明治30年ごろには現在の在来線鉄道網の多くは開業していたという[12]。そして、明治39年に鉄道国有法が公布・施行されて以降、全国各地に鉄道網が整備された結果、輸送の利便性が向上し、全国各地で旅館が興隆していったという[13]。

一方、幕末に出現したホテルは、明治に入り多く建設されるようになる。それでも、戦前の日本における宿泊施設のほとんどは、旅館や木賃宿といった類のものであり、昭和５年当時の調査では、ホテルの数は全国でも150に満たなかった[14]。しかし、明治期に創業されたホテルの中には、現在でも伝統ある施設として営業を続けるものもある。例えば、富士屋ホテル（神奈川）、日光金谷ホテル（栃木）、レーキサイドホテル（栃木。日光レークサイドホテル、平成28年１月に閉業）、万平ホテル（長野）、帝国ホテル（東京）、奈良ホテル（奈良）、都ホテル（京都。現ウェスティン都ホテル京都）といった施設がある（移転や建て替えが行われたものを含む）。なお、明治初期には東京の築地と上野に「精養軒」というホテルが開業したが、これは、上野恩賜公園内に現在も店を構える老舗西洋料理店の「精養軒」である。

③　大正～昭和戦前期

関東大震災、世界恐慌、そして２度の世界大戦を含む度重なる戦争と激動の時代にあった大正～昭和前期であるが、関東大震災が宿泊業界に

11　木村吾郎、『旅館業の変遷史論考』、福村出版、2010、p.34
12　徳江順一郎、『宿泊産業論―ホテルと旅館の事業展開―』、創成社、2023、p.197
13　木村吾郎、『旅館業の変遷史論考』、福村出版、2010、p.42
14　木村吾郎、『日本のホテル産業　100年史』、明石書店、2006、p.262

与えた影響はやはり大きかった。前項で紹介した精養軒も、関東大震災により焼失した。

そのほか、旧外国人居留地のあった横浜では、震災直前まで存在していた13のホテルが、ことごとく倒壊・焼失したという[15]。この震災復興の象徴として建築されたのが、現在も山下公園の目の前で営業を続けるホテルニューグランドである。

この時期には、当時の鉄道省が、自らの増収対策として鉄道旅客の増大を政策目標とした結果、観光旅客の獲得に力を入れるようになる。昭和5年には、明治45年に創立された、現在のJTBの前身ともいえるジャパン・ツーリスト・ビューロー（現公益財団法人日本交通公社）に、鉄道省の外局として国際観光局を設置し、団体割引等の制度の実施について担当させるようにした[16]。ビューローは、外客誘致を目的として創立された団体である[17]。

現代において、観光、とりわけインバウンド政策は、我が国における重要な成長産業の1つとして位置づけられている。いわゆる外客誘致であるが、当時においても外貨獲得や、貿易収支の改善といった目的から重要視されていた。しかし、その後の昭和6年に発生した柳条湖事件に端を発した満州事変を経て、我が国は国際連盟を脱退することになり、日中戦争、太平洋戦争へと突き進んでいくことになる。

この時期に開業し、現在でも営業を続けているホテルとしては、東京ステーションホテル（東京）、富士ビューホテル（山梨）、川奈ホテル（静岡）、蒲郡ホテル（愛知。現蒲郡クラシックホテル）、琵琶湖ホテル（滋賀）、唐津シーサイドホテル（佐賀）、雲仙観光ホテル（長崎）といった施設がある（移転や建て替えが行われたものを含む）。

15　木村吾郎、『日本のホテル産業　100年史』、明石書店、2006、p.54

16　木村吾郎、『旅館業の変遷史論考』、福村出版、2010、p.43

17　公益財団法人日本交通公社Webサイト、https://www.jtb.or.jp/about/、令和6年7月1日確認

序章　旅館業法の変遷

④　戦時中

　盧溝橋事件に端を発し、日本は昭和12年、日中戦争へと突き進んでいった。その後、昭和16年に太平洋戦争が勃発。これらの戦争がもたらした被害は甚大なものであり、宿泊業界もまた例外ではなかった。戦時中は営業の自由が否定され、人も物資もあらゆるものが国家の統制下に入っていった。そうした統制を可能にしたのが、昭和13年の国家総動員法である。

　戦争が長期化する中で、あらゆる物資について配給統制が厳しくなり、宿泊施設においても例外ではなかった。鮮魚や野菜、穀物といった業務用の主要物資は、過去の使用実績の2〜3割程度を基準として配給されたという。

　そのほか、成年男子の軍役への徴用による人手不足、昭和14年の価格等統制令、昭和15年の奢侈品等製造販売制限規則、昭和16年の金属類回収令による金属類の供出、昭和18年のホテル宿泊料統制要綱による営業料金の価格統制が行われた。また、利用客に対して食事や宿泊料金への課税が強化され、施設だけでなく利用客の負担も加重された。

　このような状況の中では経営が成り立つはずもなく、営業を休止・廃止する施設も相次いだ。休廃止は、軍による施設の借り上げや軍需会社等への売却によるものも多くあった[18]。このように、宿泊事業だけではないが、戦時中はまさに暗黒の時代だったといえる。

⑤　戦後〜現在

　戦前期において、宿泊施設数の統計として記録が残っている中で最後のものは、旅館（旅人宿）が昭和13年の4万6729軒、ホテルは、昭和19年に日本ホテル業統制組合が設立されたときの組合員数が76であったという。また、戦後最初の記録となるのは、昭和24年で、旅館が3万5652軒で、ホテルは昭和20年8月の終戦時点で36施設が休・廃業し、20施設

18　木村吾郎、『日本のホテル産業　100年史』、明石書店、2006、p.343〜352

が焼失・被災したという[19・20]。戦争により旅館（旅人宿）は25％程度が被災等により廃業し、ホテルに至っては組合員となっていたホテルの半数以上が、休廃業や被災したことになる。

　戦後、GHQが進駐し、国内の多くの施設がGHQに接収されることになった。そして、接収対象の中にはホテルも含まれ、接収されたホテルの数は、昭和20年末までに合計で約50に及んだという[21]。接収されたホテルには、帝国ホテル・第一ホテル・丸ノ内ホテル（東京）、ホテルニューグランド・富士屋ホテル（神奈川）、名古屋観光ホテル（愛知）、琵琶湖ホテル（滋賀）、宝塚ホテル（兵庫）、雲仙観光ホテル（長崎）など、現在でも営業を続ける施設が多く含まれていた。敗戦処理が続く日本では、政治・経済の混乱や物資不足もあり、戦時中と同様に宿泊施設の経営は厳しい状況が続いた。その後日本は、サンフランシスコ平和条約の締結や朝鮮戦争による特需を経て戦後復興を果たすと、高度経済成長の時代へと入っていく。

　戦後の宿泊業界にとっての大きな転換点は、昭和23年の旅館業法制定である。それまでは、各都道府県が制定した宿屋営業取締規則によって、都道府県ごとに規制が行われていたが、これにより統一的なルールでの運用が図られることになり、それまでの警察行政的な取締りから、公衆衛生を目的とした規制へと変化していった。そのほか、従前の宿屋営業取締規則では旅人宿としてまとめられていたホテルと旅館が、それぞれ別の営業として法律上明確に整理された。また、戦後復興を進める中で資材不足や資金調達の困難さから、外客受け入れ施設としてのホテル整備が進まないことを踏まえて、固定資産税の減免や資金あっせんの優遇措置を受けやすくするための制度が整備される。昭和24年の国際観光ホテル整備法である。同法は、一定の基準を満たした旅館・ホテルの登録

　19　木村吾郎、『旅館業の変遷史論考』、福村出版、2010、p.120

　20　木村吾郎、『日本のホテル産業　100年史』、明石書店、2006、p.349

　21　阿部純一郎、『米軍保養地の形成と展開―占領期日本の休養ホテルを中心に―』、椙山女学園大学研究論集第49号社会科学篇、2018、p.4

序章　旅館業法の変遷

制度を設けることにより、登録を受けた施設が前述の優遇措置等を受けられるようにしたものである。

　戦前は、宿泊施設といえば、ほぼ旅館のことを指したが、旅館の増加数を上回るペースで徐々にホテルやその他の宿泊施設の数が増えていき、ホテルの施設数が増加し続ける一方で、旅館は平成2年以降、全国的に施設数の減少に転じた。また、旅館といえば和室、ホテルといえば洋室が中心の構造であったが、和洋室のような折衷部屋の出現、旅館の大型化・ホテル化、ビジネスホテルの出現など、市場を取り巻く環境は大きく変動していった。

　高度経済成長の時代においては、国民の可処分所得が増え、各家庭の所得も増加し、交通機関の発達も相まって観光は大衆化し、宿泊施設は大量の観光客をいかに効率よく捌いていくかが重要であった。一方で、現在は日本人による国内旅行市場は成熟し大衆旅行から個人や少数の旅行も多くなり、また、訪日外国人観光客の中にも旅慣れたFIT（Foreign Independent Tour）と呼ばれる個人旅行客も一定数おり、高度経済成長時代に大型化した宿泊施設は、ビジネスモデルの転換を迫られている。

　新型コロナウイルス感染症（COVID-19）が収束した令和5年以降、世界的な観光需要の復活と継続的な円安の影響もあり、宿泊業界は外国資本企業の参入が進んでいる。その結果、従来の内国資本企業による経営ではあまり見ることのなかった、宿泊施設の所有と経営の分離も一般化しつつある[22・23]。

② 旅館業法の制定

　旅館業法は、昭和23年6月30日の第2回国会で成立し、同年7月12日

22　宿泊施設の運営形態については、①所有直営、②賃貸借（リース）契約、③マネジメント契約、④フランチャイズに分類できるとされている。

23　22につき、田尾桂子、『グローバルオペレーターが変えるホテル経営―マネジメント契約はホテル産業に何をもたらしたか―』、白桃書房、2016、p.17

に公布、同月15日より施行された。正確に表記すると、旅館業法（昭和
23年法律第138号）となる。制定年月日から見ても分かる通り、旅館業
法は戦後まもなく制定された法律である。

　旅館業法以前の旅館等を取り巻く法規制としては、明治政府が明治19
年に制定した「宿屋取締規則標準」という訓令がある。これは、当時の
内務省が、乗合馬車営業、人力車営業、宿屋営業、街路の取締りを行う
にあたって、各地方公共団体が規則を定めるためのモデルルールを示し
たものである。訓令は、内閣総理大臣や各大臣が所管の官吏に向けて発
出するものなので、直接的には一般市民への規制を伴うものではないが、
宿屋取締規則標準の制定以降、各地方公共団体による宿屋営業取締規則
の制定や改正が行われた。

　当時の宿屋営業取締規則は各地方公共団体の警察命令として定められ、
警察がその業務を所管し、営業の取締りを主たる目的としていた。警察
がその業務を所管していたため、警察を所管していた内務省が訓令を発
出したということである。

　宿屋取締規則標準では、宿泊施設の種類を、①旅人宿、②下宿屋、③
木賃宿という３種類に分類し、これらの営業を行うにあたっては、事前
に管轄庁の許可を得ることとした。

　旅人宿は、いわゆる現在の旅館に相当する宿泊施設であり、「りょじ
んやど」と読む。宿屋取締規則標準では、「客室二十五坪以上アル家屋
ニ於テ営業スル者ニ限ル」と定義されていた。江戸時代にあった本陣や
旅籠といった宿泊施設のほか、幕末の開国後に広まったホテルを含む概
念である。

　下宿は、現在でも日常的に使用する言葉であるが、宿屋取締規則標準
では「一箇月ノ賄料、座敷料等ヲ約定シテ寄寓セシムルモノ」と定義さ
れていた。

　木賃宿は、宿泊場所や調理場所のみを提供し、宿泊者が自ら食材など
を持ち込んで調理を行う形態の施設をいい、「きちんやど」と読む。宿
屋取締規則標準では明確な定義がないが、「木賃宿営業ハ場所ヲ定メ許

10

可スベキモノトス」と規定されていた。

　戦後に旅館業法が制定されるまでの間、宿屋取締規則標準を参考にし、各地方公共団体が制定した宿屋営業取締規則が宿泊事業を規制していくことになる。

　宿屋取締規則標準は内務省が提示したモデルルールであったため、実際に地方公共団体がどのような規則を定めるかは自由であった。例えば、明治21年12月22日改正の山梨県宿屋取締規則（山梨県令第52号）では、旅人宿は「一泊定の旅籠料を受けて人を宿泊せしむるを云ふ」、木賃宿は「賄をなさず木賃其他の諸費を受けて人を宿泊せしむるものを云ふ」、下宿は「一ヶ月の賄料座敷料等を約定して寄宿せしむるものを云ふ」と規定していた。また、昭和14年12月26日改正の群馬県宿屋営業取締規則（群馬県令第57号）では、旅人宿は「泊料ヲ定メ人ヲ宿泊セシムルモノヲ謂フ」、木賃宿は「飲食ヲ客ノ自弁ニ任セ燃料其ノ他ノ諸費ヲ受ケ人ヲ宿泊セシムルモノヲ謂フ」、下宿は「食費又ハ座敷料ヲ受ケ人ヲ寄宿セシムルモノヲ謂フ但シ営利ヲ目的トセザル場合ト雖モ四人以上止宿セシムルモノハ下宿屋ト看做ス」と規定していた。

　旅館業法は、昭和23年に制定・公布・施行されたことはすでに述べた。旅館業法制定以前は、宿屋取締規則標準という内務省が提示したモデルルールがあったとはいえ、実際には各都道府県の警察命令に基づいた取締りであったため、統一的なルールが存在していないも同然であった。そのような中で、多数人が出入りする場所の衛生上の取締りを軽視することができないという観点から、統一的なルールを作る機運となり、旅館業法が制定されるに至った。なお、旅館業法と同時に、公衆浴場法、興行場法も制定されており、これらをまとめて営業3法と呼ぶこともある。

　制定された旅館業法では、一部の基準を都道府県の定める条例等に委任していたため、旅館業法の施行に合わせて各都道府県でも旅館業法に基づく条例・規則が制定・施行された。これらの条例・規則の施行に際して、戦前から続いてきた宿屋営業取締規則は廃止され、警察による取

締りから、当時の厚生省による取締りへと移管することになった。

◇3◇ 旅館業法の主な改正

本節では、昭和23年の旅館業法制定後に行われた主要な改正を取り上げる。旅館業法だけでなく、旅館業法施行令、旅館業法施行規則の改正についても取り上げることとする。

① 昭和32年改正

昭和32年改正では、公衆衛生だけでなく、風俗的見地を加味した規制が行われるようになり、新たに旅館業法施行令が制定されるなど、比較的大きな改正が行われた。主な改正内容は次の通りである。

① 事業目的に「善良の風俗が害されることがないように」という文言が加わり、風俗的見地からの規制が行われるようになった

② 旅館業の営業種別として簡易宿所営業が追加された

③ 学校のある敷地からおおむね100mの区域内の施設に許可を与える場合に、学校長や教育委員会等に意見を求める規定の創設

④ 旅館業法施行令が新たに制定され、旅館業施設の統一的な構造設備基準が定められた

⑤ 旅館業法施行規則が改正され、キャンプ場等の季節営業施設の構造設備基準に関する特例措置が追加された

② 昭和45年改正

昭和45年改正では、特に風紀・教育上の観点からの改正が行われた。具体的には、旅館業法の改正により、許可を与える際に行政庁等に意見を求める対象施設として、学校以外にも児童福祉施設、条例で定める施設が追加された。

そのほか、旅館業法施行令・施行規則も改正され、旅館業法施行令では、ホテル営業・旅館営業の構造設備基準として、①児童福祉施設又は

条例で定める社会教育施設等の周囲おおむね100mの区域内にあるとき、これらの施設から客室又は客にダンス若しくは射幸心をそそるおそれがある遊技をさせるホールその他の設備の内部を見とおすことをさえぎることができる設備を有すること、②宿泊しようとする者との面接に適する玄関帳場その他これに類する設備を有すること、という２つの基準が新たに設けられた。旅館業法施行規則では、ホテル営業及び旅館営業の構造設備基準に「玄関帳場その他これに類する設備」が追加されたことに伴う所要の改正が行われた。

③ 平成８年改正

平成８年改正では、旅館業法の目的条文が現在の内容に改められた。すなわち、「旅館業の健全な発達を図るとともに、利用者の需要に対応したサービス提供を促進すること」という内容が目的として規定され、従来の公衆衛生及び善良な風俗を保持する観点での規制に加えて、時代に適合した旅館業の在り方が模索されることとなった。

また、本改正時に現行法の第３条の５第１項、第９条の２についても、新たに規定された。

④ 平成15年改正

平成15年改正は、旅館業法施行規則の改正が行われた。旅館業施設の構造設備の特例対象施設として、「農林漁業体験民宿業を営む施設」が追加され、簡易宿所営業の構造設備基準である「客室延床面積が33㎡以上」の規定を適用しないこととされた。

農林漁業体験民宿業とは、農山漁村滞在型余暇活動のための基盤整備の促進に関する法律（農山漁村余暇法）において、「施設を設けて人を宿泊させ、農林水産省令で定める農村滞在型余暇活動又は山村・漁村滞在型余暇活動に必要な役務を提供する営業」と規定されている。農林漁業体験民宿業は、農林水産大臣の登録を受けることで、当該旅館業法の構造設備の特例を受けることができる。

⑤　平成17年改正

　平成17年改正は、旅館業法施行規則の改正が行われ、日本国内に住所を有しない外国人が宿泊する際の宿泊者名簿に記載すべき事項として「国籍」「旅券番号」が追加された。

　また、本改正に伴い、当該外国人宿泊者については、旅券の写しの保存をする必要がある旨の通知が発出された[24]。

⑥　平成24年改正

　平成24年改正は、旅館業法施行規則の改正により、旅館業施設の構造設備の特例対象施設として、「伝統的建造物」が追加され、旅館営業の構造設備基準である「玄関帳場その他これに類する設備を有すること」の規定を適用しないこととされた。これは、伝統的建築物を宿泊施設として活用する場合に、構造設備基準に適合させるために玄関帳場を設ける改修等を行うことが、伝統的建造物の特性や価値といった観点から実質的に不可能である場合が少なくなかったため、創設された。

　なお、平成29年改正時に玄関帳場等の代替設備に関する基準が明確化されたことを受けて、伝統的建造物の構造設備基準の特例に関する規定は削除された。

⑦　平成28年改正

　平成28年改正では、旅館業法施行令の改正により、簡易宿所営業の構造設備基準が改められた。具体的には、簡易宿所営業の客室延床面積の基準として「宿泊者の数が10人未満とする場合には、1人あたり3.3㎡」という内容を追加することにより、従来は簡易宿所営業の許可を取得するに際して、最低でも33㎡の客室延床面積が必要であったところ、その規制を緩和するものである。

24　「旅館業法施行規則の一部を改正する省令の施行について」、平成17年2
　月9日、健発第0209001号、厚生労働省健康局長通知

序章　旅館業法の変遷

これは、民泊という新しいビジネスモデルの台頭により、旅館業の無許可営業が広がる中、現行法の枠組みの中で少しでも適法な営業を増やしていくということを意図したものである。

⑧　平成29年改正

平成29年は、宿泊事業分野において大きな節目の年となった。まず、同年6月9日に住宅宿泊事業法が国会で可決し、同月16日に公布された（施行は平成30年6月15日）。同法に規定する住宅宿泊事業は、旅館業法上の許可を取得せずに、住宅において宿泊事業を営むことができるとした、いわゆる民泊を合法化することとした法律である。

また、改正旅館業法が平成29年12月8日に可決し、同月15日に公布され、施行日は住宅宿泊事業法と同日の平成30年6月15日とされた。平成29年改正の主な内容は、次の通りである。

---

①　ホテル営業・旅館営業の営業種別を「旅館・ホテル営業」として再編

②　欠格事由に暴力団排除規定等を追加

③　無許可営業者に対する報告徴収、立入検査、措置命令を追加

④　無許可営業者等に対する罰則の引上げ

旅館業法の改正を受けて、平成30年1月31日に、旅館業法施行令及び旅館業法施行規則の改正も行われた。それぞれの改正内容は次の通りである。

【旅館業法施行令】

(1)　旅館・ホテル営業の営業種別創設にあたり、構造設備の基準を設定。ホテル営業、旅館営業の構造設備基準として設けられていた、最低客室数、寝具の種類、客室と他の客室や廊下等との境界、便所・入浴設備に関する具体的な要件が撤廃され、1

客室の床面積は7㎡（寝台を置く場合は9㎡）以上とされた

【旅館業法施行規則】

(1) 宿泊者名簿の正確な記載を確保するための措置を講じた上で作成し、その作成の日から3年間保存することとされた

(2) 宿泊者名簿を備える場所として、旅館業の施設、営業者の事務所のいずれかであることが明記された

(3) 旅館・ホテルの玄関帳場等代替設備の基準が設定された

⑨ 令和5年改正

令和5年改正は、当初、令和4年10月7日に内閣提出法案として第210回国会に提出されたものであるが、当該国会会期中には可決せず、令和5年2月26日に自民、維新、公明、国民、共産、有志の提案による修正案が第211回国会に提出され、当該修正案が可決されたものである。新型コロナウイルス感染症（COVID-19）の対応で浮き彫りになった宿泊業の課題の解決が図られている。

主な改正内容としては、次の通りである。

① 譲渡による承継制度の創設

② 宿泊拒否事由の追加と修正

③ 宿泊者名簿に記載すべき事項のうち「職業」が削除され「連絡先」が新たに追加

④ 従業者へ研修機会を提供することの営業者への努力義務

⑤ 宿泊者に対する特定感染症の感染拡大防止に必要な協力を求めることができる旨の規定の追加

⑥ 厚生労働大臣による指針の作成

第1章

宿泊事業の概要

第 1 章　宿泊事業の概要

1　宿泊事業とは何か

①　宿泊事業の定義

　まず、本書を読み進めるにあたり、宿泊事業の定義について確認する。

　一般的には、宿泊するための施設というと、ホテル、旅館を筆頭に、民宿、ゲストハウス、コンドミニアム、ホステル、ペンション、コテージなど様々な種類の施設を思い浮かべることができる。最近であれば、民泊もその1つとして定着してきたことだろう。

　日本では、これらの宿泊施設に対して、建物の構造や営業モデルごとに整理をして、大きく2つの法律に分類している。1つは旅館業法であり、もう1つは住宅宿泊事業法と呼ぶ。宿泊事業法という法律があるわけではない。

　旅館業法では、旅館業の営業許可の取得が必要なビジネスモデルとして「施設を設け、宿泊料を受けて、人を宿泊させる営業」と定めている（旅館業法第3条第1項～第4項）。

　住宅宿泊事業法では、住宅宿泊事業の営業届出が必要なビジネスモデルとして「宿泊料を受けて住宅に人を宿泊させる事業」と定めている（住宅宿泊事業法第2条第3項）。

　微妙な表現の違いはあるが、①宿泊料を受け取って②施設に③人を宿泊させる、という点が共通している。

　実は、「宿泊事業とは○○である。」という定義は法律のどこにも書かれていないのだが、これら2つの法律の定義から、「対価の収受」「施設の設置」「人の宿泊」という3つの要素が宿泊事業というビジネスモデルの法律上の定義といえそうである。

　本書では、「宿泊の対価を受け取って施設に人を宿泊させる事業」のことを宿泊事業として定義して、進めていくことにする。

(1)　宿泊の対価

　ここであえて「宿泊料」とせずに「宿泊の対価」としたのは、実質的に宿泊の対価として受け取っているものは名目に関わらず宿泊料として

19

取り扱う、という趣旨の国の通達が出ているためである[25]。

例えば、「清掃代」「クリーニング料」といった名目で料金を徴収していたとしても、実質的にそれが宿泊の対価になっているのであれば旅館業の許可取得が必要ということである。

(2) 施設

宿泊事業の要素の2つ目の「施設」について、住宅宿泊事業法では「住宅」である必要がある（住宅宿泊事業法第2条第1項、第3項）。具体的には、台所、洗面設備、トイレ、風呂のほか、建物の規模や家主の在不在などに応じて、非常用照明設備や一定の防火の措置が必要となる。

他方で旅館業法では「施設」とだけ定められている。この点について、土地に定着していない船舶であっても、旅館業の許可取得対象になるとされている[26・27]。

また、明確な言及はないが、宿泊事業を行う施設が建築基準法上の建築物でなければいけないという規定はないため、建築基準法上の建築物に該当しない施設でも旅館業の許可取得対象になる。具体的には、いわゆるグランピング施設のような、キャンプ場に設置されるテントなどが挙げられる。

(3) 宿泊

宿泊事業の要素の3つ目は、「宿泊させる」である。この「宿泊」については、旅館業法でも住宅宿泊事業法でも「寝具を使用して」「施設を利用すること」と定められている（旅館業法第3条第5項、住宅宿泊事業法第2条第2項）。

寝具の具体例としてはベッド、敷布団、掛布団、毛布、シーツ、枕な

---

25 「旅館業法の遵守の徹底について」、別添2　旅館業法に関するQ&A　QA7　平成27年11月27日生食衛発1127第1号

26 「船舶内の旅館業経営許可について」、昭和25年3月28日衛発第249号厚生省公衆衛生局長通知

27 「旅館業法の疑義について」、昭和50年7月3日環指第61号厚生省環境衛生局指導課長回答

第1章　宿泊事業の概要

どが挙げられるが、これら以外のものでも総合的な判断で寝具かどうかが決定する[28・29]。

また、事業者側が事前に寝具を用意せず、利用者が寝具を持ち込むことを前提としたビジネスモデルであっても「寝具を使用して」に該当する[30]。

そのほか、実際には日をまたいで利用をしない時間貸しであっても、「寝具を使用して施設を利用する」ものであれば宿泊に該当する[31]。

② 宿泊事業と賃貸業の違い

宿泊事業を営む上で必ず把握しておかなければならないことがある。宿泊事業と賃貸業（貸室業）の違いについてである。もう少し具体的にいうと、ウィークリーマンションやマンスリーマンションと旅館業の違いは何か？　ということを理解するのが本項のテーマである。

宿泊事業の定義はすでに確認した通り、「○○日以内の短期滞在のことをいう」というような具体的な期間の設定があるわけではない[32]。

宿泊事業は、あくまでも「宿泊の対価を受け取って施設に人を宿泊させる」ビジネスモデルの事業である。そして、宿泊の対価はその名目に関わらず実質的に判断されるため、賃貸業のように見えても実態としては、賃料という名目の宿泊の対価を受け取って、施設に人を宿泊させているという状況があり得る。それが、前述のウィークリーマンションや

28　「旅館業法の疑義について」、昭和44年7月7日環衛第9096号厚生省環境衛生課長回答

29　「サウナ風呂における宿泊行為の取扱いについて」、昭和50年3月3日環指第15号厚生省環境衛生局指導課長回答

30　「旅館業法の疑義について」、昭和44年7月7日環衛第9096号厚生省環境衛生課長回答

31　「旅館業法の一部を改正する法律等の施行について」、昭和32年8月3日衛発第649号

32　現行法上、下宿営業については「1か月以上の期間を単位とする宿泊料を受けて」という期間設定がある。

21

マンスリーマンションである。

それでは宿泊事業と賃貸業をどのように線引きしているか。具体的には、「施設の衛生上の維持管理責任が営業者にあるといえるかどうか」、「施設を利用する者がそこに生活の本拠があるといえるかどうか」ということを考慮して線引きが行われる[33]。

施設の衛生上の維持管理責任が営業者にあり、かつ、利用者の生活の本拠がその場所にはないというときには、その施設は宿泊事業を営む施設として旅館業の許可の取得が必要となる。

「生活の本拠」というのは、民法第22条で「各人の生活の本拠をその者の住所とする」と定められているだけの非常に抽象的な概念である。住民票があるから生活の本拠があるというわけではなく、住民票がないからといって生活の本拠がないというわけでもない。

実際に生活の本拠があるといえるかどうかは個別具体的に判断されることになるが、単に滞在日数が多いかによって判断すべきものではなく[34]、その人の生活に最も関係の深い一般的生活・全生活の中心を指すものである[35]という司法判断もある。

巷では、「1か月以上の賃貸借契約を結べば宿泊ではなくなる」ということがいわれており、たしかに、1つの定量的な線引きの基準として1か月という数値を用いることはあるが、行政判断・司法判断ともに、あくまでも前記の判断基準をもとに実質を踏まえて賃貸か宿泊かが判断されるという点には注意が必要である。例えば、30連泊以上の宿泊の申込があったとして、事業者と利用者の間で宿泊契約ではなく賃貸借契約を締結したとしても、衛生維持管理責任と生活の本拠の有無によっては長期の宿泊である、という判断も十分にあり得ることとなる。

なお、旅館業の許可や住宅宿泊事業の届出が必要な宿泊事業であるに

33　「下宿営業の範囲について」、昭和61年3月31日衛指第44号厚生省生活衛生局指導課長通知

34　最高裁判所昭和27年4月15日第三小法廷判決民集6巻4号414頁

35　最高裁判所昭和35年3月22日第三小法廷判決民集14巻4号551頁

第1章　宿泊事業の概要

も関わらず、必要な手続をせずに事業を行った場合は、旅館業の無許可営業ということになり、6月以下の懲役もしくは100万円以下の罰金、またはその両方の罰則が科せられることになる（旅館業法第10条第1号）。

② 宿泊事業の分類

① 旅館業

　旅館業は、宿泊事業の基本法ともいえる旅館業法によって規定されている。

　旅館業の区分として、旅館・ホテル営業、簡易宿所営業、下宿営業の3種類の営業種別がある。営業種別の違いは、許可の基準でもある施設の構造設備の基準の違いという側面が大きい。

　旅館業の特徴としては、営業可能な都市計画法上の用途地域が制限されていること、年間を通じて、宿泊をさせることが可能なこと、具体的な許可の基準の設定が自治体の条例に委ねられていることなどが挙げられる。

② 住宅宿泊事業

　住宅宿泊事業は、平成30年に施行された住宅宿泊事業法に基づく営業形態である。いわゆる民泊と呼ばれている施設はこの住宅宿泊事業を用いていることも多いことから、「民泊新法」や単に「民泊」と呼ばれることもある。

　旅館業法の特別法的な位置づけで、旅館業の許可が無くても宿泊事業を営むことができる制度である。建築基準法上の建築物の用途が住宅（戸建て、共同住宅、長屋、寄宿舎）のままでいいことや、旅館業では通常営業することのできない都市計画法上の用途地域が住居専用地域でも営業可能なこと、年間の宿泊可能日数が最大でも180日に制限されているのが特徴である。

　ただし、最大宿泊可能日数や営業可能な用途地域は各自治体の条例で

23

制限されていることがあるため、注意が必要である。

　行政法学的には、住宅宿泊事業は事前届出制であるが、実質的には許認可に近い制度運用となっている自治体も見受けられる。

③　特区民泊

　正式名称は、「国家戦略特別区域法に基づく国家戦略特別区域外国人滞在施設経営事業」という。旅館業法の特例として、住宅宿泊事業法よりも早い平成28年1月に東京都大田区を皮切りにスタートした制度である。

　国家戦略特別区域として指定された地域で、特区民泊に対応する条例を自治体が定めることによって利用できる制度で、旅館業や住宅宿泊事業と異なり、最低滞在日数を2泊3日から9泊10日の範囲内で各自治体が条例で定める期間以上とする必要があるという点や、一居室の床面積が原則として25㎡以上必要な点、また事業者と利用者との間で結ばれる契約が宿泊契約ではなく賃貸借契約とされる点が特徴である。

　東京都大田区のほか、大阪府、大阪市、福岡県北九州市、千葉県千葉市などで特区民泊に対応する条例が定められているが、特区民泊施設の大半が大阪市に集中しており、その次が東京都大田区、それ以外の地域は数件〜十数件程度の施設しかないのが現状である。

　特区民泊の実施可能地域は、各自治体が柔軟に設定することができる。例えば、千葉県千葉市では、千葉市の行政区である若葉区と緑区の市街化調整区域と住居専用地域でのみ、実施できることとなっているが、大阪市では建築基準法上ホテル・旅館の建築が可能な地域である第二種住居地域、準住居地域、近隣商業地域、商業地域、準工業地域と一部の第一種住居地域で実施できる。

　なお、千葉県千葉市における特区民泊は、令和6年4月1日時点で、1施設のみがその認定を受けている。

第1章　宿泊事業の概要

④　イベント民泊（イベントホームステイ）

　イベント民泊は、特定のイベントなどで宿泊施設の不足が想定される場合に、自治体が主体となって実施するかどうかを決定する。

　法律上の根拠はなく、イベント民泊に関するガイドラインが定められている。イベント民泊は、ホームステイという名称が表す通り、原則としては自宅を提供して行われることが想定されている。

　イベント民泊の実施例としては、福岡市での複数の人気アイドルグループによるライブコンサート開催に伴う事例、徳島市の阿波おどり開催に伴う事例、宮城県でのツール・ド・東北開催に伴う事例などがある。

３　宿泊事業を所管する行政機関

　本書は行政手続について主軸を置いたものであるので、宿泊事業をどの行政機関が所管しているかという点にも触れてみたい。

　各行政機関にはそれぞれ所掌する業務があり、達成したい行政目的がある。どの行政機関が業務を所掌し、どのような行政目的があるかによって、ある程度の「カラー」が生まれる。

　宿泊事業については、国レベルの機関では大きく「公衆衛生」という視点と「観光拠点」という視点で宿泊事業を分類しているといえる。

①　公衆衛生という視点

　宿泊施設は、不特定多数の人が利用するものであるが、そのような場所で衛生面が確保されず、不衛生な施設が増えてしまうと、結果的に国民全体の健康が脅かされることになる。

　疾病の予防や、健康の保持・増進のために行われる組織的な取り組みのことを「公衆衛生」と呼ぶ。その公衆衛生について所掌する行政機関は厚生労働省であるが、実際には、いわゆる保健所がその業務を担っていることがほとんどである。

　戦前は、内務省（現在の総務省）が管轄する警察による取締りが行わ

25

れていたが、国が主導して宿泊施設における公衆衛生を確保するという
観点で、戦後に旅館業法が制定され、当時の厚生省の管轄となった。

② 観光拠点という視点

　宿泊施設を公衆衛生の確保という視点でとらえる一方で、宿泊施設は
観光の拠点であるという考え方もある。現代でこそ様々な交通手段の発
達により、遠隔地であっても日帰りで行くことができる。しかし、交通
手段が発達する以前は、旅に出るといえば宿泊を伴うのが当然であった。

　例えば、江戸時代に江戸から京都へ向かうためには、基本的に東海道
か中山道のどちらかを通る。東海道を選んだ場合、江戸の日本橋から京
都の三条大橋までの距離は約500kmである。一般的には、徒歩だと2週
間前後、飛脚の足でも3～4日はかかったといわれている[36]。

　現在でも、「日帰り旅行」というくらいなのだから、旅行＝観光とい
えば1泊2日とか、2泊3日とか、宿泊をセットで考えることが一般的
だろう。このような観光の軸にもなる宿泊施設を、観光という側面から
支え、経済発展につなげたいと考えている行政機関がある。

　それが、国土交通省である。国土交通省は、観光振興や観光事業の発
達をその政策目的としている。そして、それを実現するための法律とし
て、「国際観光ホテル整備法」という法律を所管している。

　国際観光ホテル整備法は、外国人観光客を積極的に受け入れるための
一定の体制が整っているホテルや旅館の登録制度を定めている法律であ
る。登録を受けることで、税制上の優遇や融資のあっせんを受けられる、
といった利点がある。

　このように、宿泊事業1つを簡単に切り出してみても、2つの視点で
とらえられていることが分かる。ちなみに、宿泊事業の1つである住宅
宿泊事業を定める住宅宿泊事業法は、厚生労働省と国土交通省が共同し
て管轄している法律である。本節で説明した2つの視点のハイブリッド

36　国土交通省　関東地方整備局　横浜国道事務所「東海道Q＆A」

第1章　宿泊事業の概要

的な法律だといえる。

　最後に、参考として旅館業法、住宅宿泊事業法、国際観光ホテル整備法がそれぞれ第1条で規定している目的条文の一部を抜粋し、比較する。法律の目的条文は、その法律がどのようなことを実現したいかが端的に書かれているので、その法律のことを理解する上では必ず目を通しておきたい条文である。

法律名	目的条文	所管行政機関
旅館業法	この法律は、旅館業の業務の適正な運営を確保すること等により、旅館業の健全な発達を図るとともに、旅館業の分野における利用者の需要の高度化及び多様化に対応したサービスの提供を促進し、もつて公衆衛生及び国民生活の向上に寄与することを目的とする。	厚生労働省
国際観光ホテル整備法	この法律は、ホテルその他の外客宿泊施設について登録制度を実施するとともに、これらの施設の整備を図り、あわせて外客に対する登録ホテル等に関する情報の提供を促進する等の措置を講ずることにより、外客に対する接遇を充実し、もつて国際観光の振興に寄与することを目的とする。	国土交通省
住宅宿泊事業法	この法律は、我が国における観光旅客の宿泊をめぐる状況に鑑み、住宅宿泊事業を営む者に係る届出制度（略）を設ける等の措置を講ずることにより、これらの事業を営む者の業務の適正な運営を確保しつつ、国内外からの観光旅客の宿泊に対する需要に的確に対応してこれらの者の来訪及び滞在を促進し、もって国民生活の安定向上及び国民経済の発展に寄与することを目的とする。	厚生労働省 国土交通省

27

コラム

インターネットカフェに旅館業の許可は必要か

　本書では、宿泊事業のことを「宿泊の対価を受け取って施設に人を宿泊させる事業」と定義している。これは、旅館業法や住宅宿泊事業法といった、宿泊事業について定めた法律の規定を一般化したものである。このようなビジネスモデルに該当していれば、たとえ、人を宿泊させることが主目的の施設ではなかったとしても、旅館業の許可が必要となる。

　世の中にあるサービスを見渡すと、これは旅館業の許可が必要なのか、と疑問に思うものもあるだろう。そのようなものの1つとして、本文中ではマンスリーマンションやウィークリーマンションを取り上げた。それ以外にも、街中でよく見かける旅館業類似のサービスとして、インターネットカフェや漫画喫茶が挙げられる。利用したことがある方ならご存知だろうが、これらの施設では、日中の利用はもちろん、ナイトパックのような名称で、深夜にも利用できることが一般的である。そして、リクライニングが可能な座椅子席以外にも、個室が小上がりのようになっていて、横になろうと思えば横になり、寝ることができる席が設けられている場合がある。

　このように、明らかに人が寝泊まりすることを前提にしているような施設であっても、インターネットカフェ等では旅館業の許可を取得しているとは限らない。何故だろうか。

　宿泊事業の定義は、①（宿泊の）対価の収受、②施設の設置、③人の宿泊の3つに分解できることは本文中でも説明した。ポイントは③人の宿泊である。宿泊とは、寝具を使用して施設を利用すること、とされている。寝具の使用がなければ、宿泊には該当しない。旅館業の許可を取得していない施設は、この点を前提に、寝具を提供していないから宿泊事業の要件には当てはまらず、旅館業の許可が必要ない、という整理となっている。

　ただし、寝具の定義は、実態に応じて総合的に判断されるため、たとえばクッションとひざ掛けを施設が利用客に任意で提供している場合や、倒すことによってフラットになる椅子が設けられている場合であっても、寝具を使用していると判定される可能性は否定しきれない。また、利用者が寝具を持ち込むことを前提としている場合も、寝具を使用していることになる。したがって、インターネットカフェ等であっても、施設の運営方法によっては、旅館業の許可の取得が必要になることもある。

〈参考〉

「いわゆる個室ビデオ店等に対する旅館業法の適用に関する指導の徹底等について」、平成20年12月22日、健衛発第1222001号、厚生労働省健康局生活衛生課長通知

第2章

旅館業法の基礎

第2章　旅館業法の基礎

❲1❳　旅館業法令の構造

　本章では、旅館業法に基づく手続を行う上で当然に必要となる、旅館業法そのものについて解説する。

　まず、旅館業法と法に基づく国の命令、自治体の条例、規則や関連通達等の構造を概観する。その後、旅館業法の主要な条文について、コンメンタール的な解説を行う。

　このような法令の構造の解説を行うにあたって、行政法学的なテクニカルな知識が当然に要求されるが、行政法学上の詳細な解説はそれらの関係書籍に譲ることにする。

①　国（旅館業法、施行令、施行規則）

　旅館業の営業について定めるものとして、旅館業法があることはすでに述べた。これは法律であるが、この法律の規定に基づく命令として、政令と厚生労働省令が存在する。それぞれ、旅館業法施行令と旅館業法施行規則である。

　旅館業法は旅館業に関する大枠を定めており、旅館業法施行令は許可の基準となる旅館業施設の構造設備の基準などを定めており、旅館業法施行規則は許可申請等の具体的な手続などについて定めている。

⑴　旅館業法

　旅館業法は、その名前の通り法律である。旅館業法のような、一定の営業に対して規制をかける法律のことを「業法」などと呼ぶこともあるが、一般的には当該法律の達成したい目的、定義、許可申請等の手続の大枠、許可等の基準、事業者の遵守すべき義務、行政機関が行うべき措置、罰則というような構成を取ることが多い。

　旅館業法についても、おおむねそのような構成になっている。

⑵　旅館業法施行令

　旅館業法施行令は、内閣が定める命令のことであり、政令ともいう。

　旅館業法施行令では、許可要件である旅館業施設の構造設備の内容を

31

中心に、旅館業法から委任を受けた各種の基準について、詳細に定めている。

⑶ 旅館業法施行規則

旅館業法施行規則は、厚生労働大臣が定める命令のことであり、省令ともいう。省令は、法律や政令の委任を受けて、当該法律を所管する主務大臣が定める。

省令が定める内容は、申請手続等の事務的なことや、主務官庁として有する専門的な知見を必要とする法令上の各種の基準等に関する詳細な内容など、多岐にわたる。

旅館業法施行規則についても、申請書に記載すべき内容や添付書類のほか、宿泊者名簿への記載事項、玄関帳場に類する設備としての基準等を定めている。

② 自治体（条例、規則）

日本国憲法の下では、地方自治について定められており、地方公共団体は法令に違反しない限りにおいて条例を制定することができるとされている。

また、地方公共団体の長は、やはり法令に違反しない限りにおいて、その権限に属する事務についての規則を制定することができるとされている。

⑴ 条例

旅館業では、旅館業法及び旅館業法施行令が一定の項目について条例で定めるよう委任をしている。条例は、このように法令の委任を受けて制定されることが多いが、地方公共団体が独自に条例を定めることも可能である。旅館業に関する条例には、そうした法令が明示的に委任をしている項目以外の内容を定めているものもある。

条例の名称は制定する地方公共団体により異なるが、私見では、「旅館業法施行条例」といった名称を取ることが多いように見受けられる。

⑵ 規則

規則とは、行政法学的には、地方公共団体の長がその権限に属する事務について定めることができる法令の1つの形態である。国が定める法令のうち、省令のことを○○法施行規則と称することが多いが、この規則とは別物である。

条例と規則の関係は、法と政令・省令の関係に近いものがある。法も条例も、立法機関である国会・地方議会が制定し、政令・省令や規則は行政機関である内閣・主務大臣や地方公共団体の長が制定する。構造面では、条例で大枠を定めて詳細な基準を規則で定める、といった部分に類似性が認められる。

旅館業に関する規則は、条例と同じく制定する地方公共団体により異なるが、「旅館業法施行条例施行規則（又は施行細則）」のような名称を取ることが多いように見受けられる。

③　通達等

ここまで見てきた法・政令・省令・条例・規則のことを一般的には「法令」と呼ぶ。行政手続の一般原則を定めた行政手続法でも、法令の定義として「法律、法律に基づく命令（告示を含む。）、条例及び地方公共団体の執行機関の規則（規程を含む。）」と定めている（行政手続法2条1号）。

行政の実務レベルでは、法令が定められていれば十分かというと必ずしもそうではなく、法令の解釈や考え方、事務処理方法などを定めた要綱、要領や通知、通達といった行政内部の行動を統制するためのルールが存在する。

旅館業法にも様々な通知や通達が存在するが、その中でも特に重要なのが、旅館業法における衛生等管理要領[37]である。

これは、旅館業法を管轄する厚生労働省による、旅館業法の解釈基準

37　正式な文書名としては、『平成12年12月15日付け生衛発第1811号厚生省生活衛生局長通知「公衆浴場における衛生等管理要領等について」別添3　旅館業における衛生等管理要領』という。

のようなものである。衛生等管理要領は厚生労働省の解釈基準を示したものに過ぎないので、本来は法規範というわけではないが、実際には衛生等管理要領を参考にして、地方公共団体が基準を定めていることもあり、実質的な法規範力を持っているともいえる。

② 旅館業法の解説

本節では、旅館業法の個別の条文をもとに、その構造を見ていく。本書は行政手続の解説本であるため、逐条解説の要素を含みつつも、行政手続という切り口で、旅館業法の構造を理解しやすいように解説を行うものである。

なお、以下では旅館業法令の条文をそのまま記載するが、特に表記がない場合は旅館業法の条文番号を表すこととする。

① 旅館業法の目的

> 第1条　この法律は、旅館業の業務の適正な運営を確保すること等により、旅館業の健全な発達を図るとともに、旅館業の分野における利用者の需要の高度化及び多様化に対応したサービスの提供を促進し、もつて公衆衛生及び国民生活の向上に寄与することを目的とする。

多くの法律と同様に、旅館業法の第1条は、法が達成したい社会秩序を規定した、いわゆる目的条文となっている。旅館業法が制定された当初の目的条文は、「この法律は、旅館業に対して、公衆衛生の見地から必要な取締を行い、もってその経営を公共の福祉に適合させることを目的とする。」となっており、戦前の警察行政的なカラーを引き継いだ、公衆衛生の取締という視点に重きを置いた条文の書きぶりとなっていた。

昭和32年改正で、本条文は、「この法律は、旅館業に対して、公衆衛

34

第2章　旅館業法の基礎

生の見地から必要な取締を行うとともに、あわせて旅館業によって善良の風俗が害されることがないようにこれに必要な規制を加え、もってその経営を公共の福祉に適合させることを目的とする。」と改正され、公衆衛生だけでなく、善良な風俗という視点が追加された。その後、平成8年改正で現在の内容へと改正された。

　旅館業法が制定されたのは戦後直後であり、旅館業を取り巻く社会経済状況が大きく変化してきたことから改正されたものである。実際、宿泊施設は、現代日本において単に宿泊する場所を提供するものという側面だけでなく、文化交流や観光拠点という側面も強く意識されるようになってきており、公衆衛生や善良な風俗の保持という視点だけでは、利用者のニーズを必ずしも満たすことができない。需要の高度化及び多様化というのは今後もますます進んでいくものであり、そうした点を意識した法改正や国・地方公共団体による情報提供などが行われるものと思われる。

②　旅館業法の定義

第2条　この法律で「旅館業」とは、旅館・ホテル営業、簡易宿所営業及び下宿営業をいう。

2　この法律で「旅館・ホテル営業」とは、施設を設け、宿泊料を受けて、人を宿泊させる営業で、簡易宿所営業及び下宿営業以外のものをいう。

3　この法律で「簡易宿所営業」とは、宿泊する場所を多数人で共用する構造及び設備を主とする施設を設け、宿泊料を受けて、人を宿泊させる営業で、下宿営業以外のものをいう。

4　この法律で「下宿営業」とは、施設を設け、一月以上の期間を単位とする宿泊料を受けて、人を宿泊させる営業をいう。

5　この法律で「宿泊」とは、寝具を使用して前各項の施設を利用することをいう。

6 この法律で「特定感染症」とは、次に掲げる感染症をいう。

一 感染症の予防及び感染症の患者に対する医療に関する法律（以下「感染症法」という。）第6条第2項に規定する一類感染症（第4条の2第1項第2号及び第2項第1号において単に「一類感染症」という。）

二 感染症法第6条第3項に規定する二類感染症（第4条の2第1項第2号及び第2項第1号において単に「二類感染症」という。）

三 感染症法第6条第7項に規定する新型インフルエンザ等感染症（第4条の2第1項第2号及び第2項第2号において単に「新型インフルエンザ等感染症」という。）

四 感染症法第6条第8項に規定する指定感染症であつて、感染症法第44条の9第1項の規定に基づく政令によつて感染症法第19条若しくは第20条又は第44条の3第2項の規定を準用するもの（第4条の2第1項第2号及び第2項第3号において単に「指定感染症」という。）

五 感染症法第6条第9項に規定する新感染症（第4条の2第1項第2号及び第2項第2号において単に「新感染症」という。）

(1) 旅館業

本条は、旅館業法における所要の定義を定めた条文である。第1項では、旅館業法上の旅館業がどのようなものかを定めている。本法は旅館業という営業に対する規制を定めた業法であるため、旅館業がどのようなものであるかを規定するのは、重要なことである。

この法律で定義する旅館業とは、第2項以下で定める旅館・ホテル営業、簡易宿所営業、下宿営業という各種の営業種別の総体であるということを定めている。

(2) 旅館業の営業種別

旅館業法では、営業の種別として旅館・ホテル営業、簡易宿所営業、

下宿営業という３つの営業の種別を定めている。それぞれの営業の種別の定義では、「施設を設け、宿泊料を受けて、人を宿泊させる営業」ということを定めているだけで、具体的な施設の構造設備の基準については言及していない。具体的な施設の構造設備の基準については、第３条の規定に基づき、政令に委任されている。

　旅館業法制定当初は、「ホテル」「旅館」「下宿」という定義を設けて、それぞれ都道府県知事が定める基準に適合するもの、という条文の構造になっていた。昭和32年改正で、「ホテル営業」「旅館営業」「下宿営業」という定義に修正され、新たに「簡易宿所営業」という営業の種別が加わった。ホテル営業は洋式の構造設備を主とする施設、旅館営業は和式の構造設備を主とする施設という基準が設けられていたが、平成29年改正で洋式・和式という基準はなくなり、現在の旅館・ホテル営業という営業の種別に統合された。

　なお、営業の種別の統合前は、ホテルは最低客室数が10室、旅館は最低客室数が５室という客室数の下限が設けられていたが、平成29年改正時に客室数の下限も撤廃され、１室から旅館・ホテル営業の許可が取得できるようになった。

　旅館業法上の営業の種別は、あくまで便宜上の区分であるため、政令で定める構造設備の基準に該当しているかどうかが、判断基準となる。ホテルや旅館のような外観をしていても、簡易宿所営業の営業の種別で許可を取得することもあれば、コテージやペンション、グランピング施設であっても旅館・ホテル営業で許可を取得することもある。行政手続上は、その施設の構造設備がどのようになっていて、どの営業の種別であれば許可を取得することができるのか、という判断が必要となる。

⑶　宿泊

　宿泊の定義を定めた条項は、昭和32年改正で新たに加わったものである。条文上は、「宿泊とは、寝具を使用して前各項の施設を利用すること」というシンプルな構造となっている。寝具は、一般的にはベッド、布団、毛布、シーツ、枕、枕カバーなどがあるが、タオルケットのよう

なものも、使用状況によっては寝具になり得る[38・39]。

　また、寝具を「使用して」とあるのは、営業者が寝具の提供をせず、利用者が寝具を持ち込んで施設を利用したとしても、当該施設がもっぱら寝具を使用する者によって利用される場合であって、業としての経営が行われ、その利用について対価を得ている場合は旅館業の許可が必要となる[40]。

　本条項が追加された昭和32年改正の当初法案では「寝具を提供して」とされていたが、そうすると営業者による寝具の提供がない場合には旅館業の規制から外れてしまうという懸念が発生したため、「寝具を使用して」という文言に修正された[41]。

⑷ 特定感染症

　本条項は、令和5年改正で新たに追加されたものである。令和2年初頭に端を発し、約3年にわたって世界中を混乱に陥れた新型コロナウイルス感染症（COVID-19）を受けて改正された。

　感染症法上の一類感染症、二類感染症、新型インフルエンザ等感染症、指定感染症、新感染症という、人類にとって危険度の高い感染症や未知の感染症を特定感染症として定義し、営業者が、宿泊しようとしている者に対して、当該者が特定感染症にり患している患者である場合や特定感染症の症状が発現しているような場合に、旅館業施設における特定感染症のまん延の防止に必要な範囲で、特定感染症国内発生期間に限って、所要の協力を求めることができるようにしたものである。

　宿泊しようとする者は、営業者から協力を求められたときは、正当な理由がない限り、協力に応じる義務が発生する。

38　「旅館業法の疑義について」、昭和44年7月7日環衛第9096号厚生省環境衛生課長回答

39　「サウナ風呂における宿泊行為の取扱いについて」、昭和50年3月3日環指第15号厚生省環境衛生局指導課長回答

40　「旅館業法の疑義について」、昭和44年7月7日環衛第9096号厚生省環境衛生課長回答

41　第26回国会参議院社会労働委員会第26号昭和32年4月25日

第2章　旅館業法の基礎

③　旅館業の営業許可

第3条　旅館業を営もうとする者は、都道府県知事（保健所を設置する市又は特別区にあつては、市長又は区長。第4項を除き、以下同じ。）の許可を受けなければならない。ただし、旅館・ホテル営業又は簡易宿所営業の許可を受けた者が、当該施設において下宿営業を営もうとする場合は、この限りでない。

2　都道府県知事は、前項の許可の申請があつた場合において、その申請に係る施設の構造設備が政令で定める基準に適合しないと認めるとき、当該施設の設置場所が公衆衛生上不適当であると認めるとき、又は申請者が次の各号のいずれかに該当するときは、同項の許可を与えないことができる。

一　心身の故障により旅館業を適正に行うことができない者として厚生労働省令で定めるもの

二　破産手続開始の決定を受けて復権を得ない者

三　禁錮以上の刑に処せられ、又はこの法律若しくはこの法律に基づく処分に違反して罰金以下の刑に処せられ、その執行を終わり、又は執行を受けることがなくなつた日から起算して3年を経過していない者

四　第8条の規定により許可を取り消され、取消しの日から起算して3年を経過していない者

五　暴力団員による不当な行為の防止等に関する法律第2条第6号に規定する暴力団員又は同号に規定する暴力団員でなくなつた日から起算して5年を経過しない者（第8号において「暴力団員等」という。）

六　営業に関し成年者と同一の行為能力を有しない未成年者でその法定代理人（法定代理人が法人である場合においては、その役員を含む。）が前各号のいずれかに該当するもの

七　法人であつて、その業務を行う役員のうちに第1号から第5

号までのいずれかに該当する者があるもの

八　暴力団員等がその事業活動を支配する者

3　第1項の許可の申請に係る施設の設置場所が、次に掲げる施設の敷地（これらの用に供するものと決定した土地を含む。以下同じ。）の周囲おおむね100メートルの区域内にある場合において、その設置によつて当該施設の清純な施設環境が著しく害されるおそれがあると認めるときも、前項と同様とする。

一　学校教育法第1条に規定する学校（大学を除くものとし、次項において「第1条学校」という。）及び就学前の子どもに関する教育、保育等の総合的な提供の推進に関する法律第2条第7項に規定する幼保連携型認定こども園（以下この条において「幼保連携型認定こども園」という。）

二　児童福祉法第7条第1項に規定する児童福祉施設（幼保連携型認定こども園を除くものとし、以下単に「児童福祉施設」という。）

三　社会教育法第2条に規定する社会教育に関する施設その他の施設で、前2号に掲げる施設に類するものとして都道府県（保健所を設置する市又は特別区にあつては、市又は特別区。以下同じ。）の条例で定めるもの

4　都道府県知事（保健所を設置する市又は特別区にあつては、市長又は区長）は、前項各号に掲げる施設の敷地の周囲おおむね100メートルの区域内の施設につき第1項の許可を与える場合には、あらかじめ、その施設の設置によつて前項各号に掲げる施設の清純な施設環境が著しく害されるおそれがないかどうかについて、学校（第1条学校及び幼保連携型認定こども園をいう。以下この項において同じ。）については、当該学校が大学附置の国立学校（国（国立大学法人法第2条第1項に規定する国立大学法人を含む。以下この項において同じ。）が設置する学校をいう。）又は地方独立行政法人法第68条第1項に規定する公立大学法人（以

下この項において「公立大学法人」という。）が設置する学校で
あるときは当該大学の学長、高等専門学校であるときは当該高等
専門学校の校長、高等専門学校以外の公立学校であるときは当該
学校を設置する地方公共団体の教育委員会（幼保連携型認定こど
も園であるときは、地方公共団体の長）、高等専門学校及び幼保
連携型認定こども園以外の私立学校であるときは学校教育法に定
めるその所管庁、国及び地方公共団体（公立大学法人を含む。）
以外の者が設置する幼保連携型認定こども園であるときは都道府
県知事（地方自治法第252条の19第1項の指定都市（以下この項
において「指定都市」という。）及び同法第252条の22第1項の中
核市（以下この項において「中核市」という。）においては、当
該指定都市又は中核市の長）の意見を、児童福祉施設については、
児童福祉法第46条に規定する行政庁の意見を、前項第3号の規定
により都道府県の条例で定める施設については、当該条例で定め
る者の意見を求めなければならない。

5　第2項又は第3項の規定により、第1項の許可を与えない場合
には、都道府県知事は、理由を附した書面をもつて、その旨を申
請者に通知しなければならない。

6　第1項の許可には、公衆衛生上又は善良の風俗の保持上必要な
条件を附することができる。

(1)　営業許可が必要なビジネスモデル

　本条第1項では、「旅館業を営もうとする者は」「許可を受けなければ
ならない」と規定している。旅館業とは、本節の②の(1)でみたように、
「旅館・ホテル営業、簡易宿所営業及び下宿営業」のことを指す。これ
らの営業の種別は、「施設を設け」「宿泊料を受けて」「人を宿泊させる
営業」であるため、施設の名称や構造に関わらず、対価を受け取って人
を宿泊させるものであれば、許可を受けなければならない。

(2)　許可権者

本条第1項では、「都道府県知事」の許可を受けなければならないと
規定している。つまり、都道府県知事が許可権者ということになる。た
だし、かっこ書きに「保健所を設置する市又は特別区にあつては、市長
又は区長」とある通り、保健所を設置する地方公共団体の場合は、当該
公共団体の長が許可権者となる。

　「保健所を設置する市又は特別区」とは、地域保健法第5条第1項に
規定する市又は特別区を指す。保健所を設置する市は、地方自治法上の
指定都市、中核市、その他の地域保健法施行令で定める市であり、地域
保健法施行令で定める市は、北海道小樽市、東京都町田市、神奈川県藤
沢市、神奈川県茅ヶ崎市、三重県四日市市である。また、特別区は、地
方自治法上の特別区、つまり東京都の区部を指す。

　これらの地方公共団体に設置されている保健所は、都道府県が設置す
る保健所ではなく、各地方公共団体が設置している保健所であり、それ
以外の地方公共団体に設置されている保健所は、都道府県が設置してい
る保健所である。なお、保健所設置自治体はそれぞれ旅館業法の委任を
受けて条例を制定している。

⑶　許可の対象

　旅館業の許可は、「旅館業を営もうとする者」が、許可申請の対象と
なる施設ごとに取得する必要がある。建物の所有者と実際の営業者は異
なることもある。この場合でも、許可の申請名義人は実際の営業者とな
る。

　旅館業の許可は営業者に与えられるものであるから、営業者が変わる
場合には、施設の構造に変更がない場合であっても、再度許可を取得し
なおす必要がある。ただし、例外的に、相続・合併・分割・譲渡により
旅館業施設を承継する場合は、事前に許可権者の承認を得ることで、新
規の許可取得が不要となる。

⑷　許可の基準

　本条第2項では、許可申請があった場合に、①「申請に係る施設の構
造設備が政令で定める基準に適合しないと認めるとき」、②「当該施設

第2章　旅館業法の基礎

の設置場所が公衆衛生上不適当であると認めるとき」、③「申請者が次の各号のいずれかに該当するとき」は、許可を与えないことができると定めている。これは、許可申請に係る不許可の基準を定めたものであるが、裏を返せば①～③に該当しないことが、許可の基準ということができる。

　施設の構造設備は政令である旅館業法施行令に委任されているが、旅館業法施行令はさらに地方公共団体の条例に委任をしているため、許可を取得するためには政令、条例のいずれにも適合している必要がある。

　「施設の設置場所が公衆衛生上不適当」とは、旅館業法第4条第2項に規定する、地方公共団体が定める衛生に必要な措置の基準を順守することができないような場所のことを指す[42]。

　また、申請者の欠格事由についても規定されている。

　そのほか、本条第3項では、施設の設置場所が学校教育法上の学校や児童福祉法上の児童福祉施設等の施設の敷地の周囲おおむね100mの区域内にある場合で、旅館業施設の設置によってこれらの学校等の清純な施設環境が著しく害されるおそれがあると認めるときも、許可を与えないことができるとされている。「清純な施設環境」が害されるかどうかの認定は、具体的に示されているわけではないが、施設の利用実態や清純な施設環境の保持の必要性等は施設の機能、種類によって程度の差があるのでその点を十分勘案する必要がある旨、示されている[43]。

　なお、許可の基準とは関係ないが、本条第4項では、第3項に掲げる学校等の施設の敷地の周囲おおむね100mの区域内に許可を与える場合には、許可権者は、あらかじめ、旅館業施設の設置によって学校等の施設の清純な施設環境が著しく害されるおそれがないかどうかについて、

42　「環境衛生主管課長会議における質疑応答集の送付について（旅館業法関係）」、昭和32年8月29日、衛環第56号、厚生省公衆衛生局環境衛生部環境衛生課長通知

43　「旅館業法の一部を改正する法律の施行について」、昭和45年6月11日、環衛第83号、厚生省環境衛生局長通達

意見を求めなければならないとされている。このことから、当該学校等の施設を意見照会対象施設と呼ぶこともある。

⑸ 許可の条件

本条第6項では、許可には、公衆衛生上又は善良の風俗の保持上必要な条件を附することができると規定されている。例えば、善良の風俗の保持と関連を有する施設の構造設備について大規模又は主要な構造設備に係る変更が生ずる場合には、新たに旅館業法第3条第1項に規定する許可を要する、といった運用が可能である[44]。

⑹ 許可の有効期間

旅館業の営業許可には、有効期間の設定はない。したがって、原則、旅館業の営業許可は永久許可である。

⑺ 許可の承継

第3条の2　前条第1項の許可を受けて旅館業を営む者（以下「営業者」という。）が当該旅館業を譲渡する場合において、譲渡人及び譲受人がその譲渡及び譲受けについて都道府県知事の承認を受けたときは、譲受人は、営業者の地位を承継する。

2　略

第3条の3　営業者たる法人の合併の場合（営業者たる法人と営業者でない法人が合併して営業者たる法人が存続する場合を除く。）又は分割の場合（当該旅館業を承継させる場合に限る。）において当該合併又は分割について都道府県知事の承認を受けたときは、合併後存続する法人若しくは合併により設立された法人又は分割により当該旅館業を承継した法人は、営業者の地位を承継する。

2　略

44　「旅館業における善良風俗の保持について」、昭和59年8月27日、衛指第23号、厚生省生活衛生局長通知

第2章　旅館業法の基礎

第3条の4　営業者が死亡した場合において、相続人（相続人が2
　　人以上ある場合において、その全員の同意により当該旅館業を承
　　継すべき相続人を選定したときは、その者。以下同じ。）が被相
　　続人の営んでいた旅館業を引き続き営もうとするときは、その相
　　続人は、被相続人の死亡後60日以内に都道府県知事に申請して、
　　その承認を受けなければならない。
2　　相続人が前項の承認の申請をした場合においては、被相続人の
　　死亡の日からその承認を受ける日又は承認をしない旨の通知を受
　　ける日までは、被相続人に対してした第3条第1項の許可は、そ
　　の相続人に対してしたものとみなす。
3　　略
4　　第1項の承認を受けた相続人は、被相続人に係る営業者の地位
　　を承継する。

　旅館業の営業許可は、営業者に与えられることはすでに述べた通りで
ある。営業者の地位は、許可権者による事前の承認を得た場合には、承
継させることが可能である。ただし、承継が可能なのは相続・合併・分
割・譲渡の場合に限られる。
　合併・分割・譲渡の承継承認申請は、それらの効力が発生するよりも
前に申請する必要があり、効力発生後に承認申請が行われた場合には、
改めて新規の許可申請が必要となる[45]。

(8)　許可事項の変更

旅館業法施行規則
第4条　旅館業を営む者は、第1条及び第1条の3から前条までの
　　申請書に記載した事項（営業の種別を除く。）に変更があつたと

45　「許可、認可等民間活動に係る規制の整理及び合理化に関する法律等によ
　　る興行場法等の一部改正の施行について」、昭和60年12月24日、衛指第270号、
　　厚生省生活衛生局長通知

> き又は営業の全部若しくは一部を停止し若しくは廃止したときは、
> 10日以内に、その営業施設所在地を管轄する都道府県知事にその
> 旨を届け出なければならない。

　旅館業の許可を得た施設について、申請書に記載した事項に変更があったとき、又は営業の全部若しくは一部を停止し、若しくは廃止した時にはその旨の届出をすることとされている。

　申請書に記載する事項は、旅館業法施行規則に列記されているが、申請書の書式は旅館業法令では定められておらず、地方公共団体の条例あるいは規則で定められている。したがって、どういった項目に対して変更の届出が必要となるかは、許可を取得している地方公共団体により異なる。

　営業の全部又は一部を停止した旨の届出は、具体的にどれくらいの期間の停止から届出が必要になるかという基準は定められていない。

④　営業者の義務

(1)　安全・衛生の維持・向上、施設の整備、宿泊サービスの向上、従業者への研修機会の提供

> 第3条の5　営業者は、旅館業が国民生活において果たしている役
> 　割の重要性に鑑み、旅館業の施設及び宿泊に関するサービスにつ
> 　いて安全及び衛生の水準の維持及び向上に努めるとともに、旅館
> 　業の分野における利用者の需要が高度化し、かつ、多様化してい
> 　る状況に対応できるよう、旅館業の施設の整備及び宿泊に関する
> 　サービスの向上に努めなければならない。
> 2　営業者は、旅館業の施設において特定感染症のまん延の防止に
> 　必要な対策を適切に講じ、及び高齢者、障害者その他の特に配慮
> 　を要する宿泊者に対してその特性に応じた適切な宿泊に関するサ
> 　ービスを提供するため、その従業者に対して必要な研修の機会を

与えるよう努めなければならない。

　本条第1項は、目的条文が現在の内容に改められた平成8年改正で、第3条の4として追加され、平成29年改正で軽微な文言の修正が行われたものである。また、本条第2項は、令和5年改正で新たに追加されたものである。いずれの条項も、努力義務にとどまっている。

(2)　衛生に必要な措置等

　第4条　営業者は、旅館業の施設について、換気、採光、照明、防湿及び清潔その他宿泊者の衛生に必要な措置を講じなければならない。
　2　前項の措置の基準については、都道府県が条例で、これを定める。
　3　第1項に規定する事項を除くほか、営業者は、旅館業の施設を利用させるについては、政令で定める基準によらなければならない。

　旅館業施設の衛生に必要な措置その他の基準について規定したものである。
　衛生に必要な措置の基準は条例に委任されているが、通達である衛生等管理要領を参考にしている地方公共団体も多い。旅館業の許可基準である施設の構造設備基準と、営業許可後に営業者が順守すべき事項である衛生に必要な措置の基準は、本来は区別して考えるべきものであるが、行政手続の実務の場面においては、これらの基準が混同されて許可基準として行政指導が行われることも多い。

(3)　宿泊拒否の禁止

　第5条　営業者は、次の各号のいずれかに該当する場合を除いては、宿泊を拒んではならない。

47

一　宿泊しようとする者が特定感染症の患者等であるとき。

　　二　宿泊しようとする者が賭博その他の違法行為又は風紀を乱す
　　　行為をするおそれがあると認められるとき。

　　三　宿泊しようとする者が、営業者に対し、その実施に伴う負担
　　　が過重であつて他の宿泊者に対する宿泊に関するサービスの提
　　　供を著しく阻害するおそれのある要求として厚生労働省令で定
　　　めるものを繰り返したとき。

　　四　宿泊施設に余裕がないときその他都道府県が条例で定める事
　　　由があるとき。

　2　営業者は、旅館業の公共性を踏まえ、かつ、宿泊しようとする
　　者の状況等に配慮して、みだりに宿泊を拒むことがないようにす
　　るとともに、宿泊を拒む場合には、前項各号のいずれかに該当す
　　るかどうかを客観的な事実に基づいて判断し、及び宿泊しようと
　　する者からの求めに応じてその理由を丁寧に説明することができ
　　るようにするものとする。

　宿泊施設に宿泊する際、宿泊者と事業者の間では宿泊契約が締結され
ることになる。当該宿泊契約は、私人間の契約となるため、どのような
条件で契約を締結するかは、自由に決定されるのが原則である。これを
「契約自由の原則」という。本条で規定する宿泊拒否の禁止は、契約自
由の原則を修正するものである。

　第1号は、「宿泊しようとする者が伝染性の疾病にかかっていると明
らかに認められるとき」と規定されていたが、令和5年改正で現在の内
容に改められた。「特定感染症の患者等」とは、旅館業法第4条の2第
1項第2号で定義付けがなされている。

　第3号は、令和5年改正で新たに加えられたものであり、いわゆるカ
スタマーハラスメント対策として追加された規定である。

　第2項も令和5年改正で新たに加えられたものである。本条の改正に
伴い、従来よりも事業者による宿泊拒否がしやすくなった半面、ハンセ

ン病患者や障害者等に対して合理的な理由がないにも関わらず宿泊拒否が行われた過去の事例を踏まえて、宿泊拒否をする際には客観的な事実に基づいて判断をし、必要に応じて丁寧な説明を行う旨を事業者に義務付けた。

(4) 宿泊者名簿の作成・備え

> 第6条　営業者は、厚生労働省令で定めるところにより旅館業の施設その他の厚生労働省令で定める場所に宿泊者名簿を備え、これに宿泊者の氏名、住所、連絡先その他の厚生労働省令で定める事項を記載し、都道府県知事の要求があつたときは、これを提出しなければならない。
> 2　宿泊者は、営業者から請求があつたときは、前項に規定する事項を告げなければならない。

　営業者は、旅館業の施設又は営業者の事務所に、所定の事項を記載した宿泊者名簿を備えておく必要がある。当該義務に違反した場合には、罰則が定められている。これは、旅館等において感染症が発生し、又は感染症患者が宿泊した場合にその感染経路を調査すること等を目的としたものである[46]。

　宿泊者名簿に記載すべき事項は厚生労働省令に規定されているが、厚生労働省令からさらに条例へ委任されているため、営業施設の所在地により宿泊者名簿に記載すべき事項は異なることになる。宿泊者名簿は書面で備えておく必要はなく、電磁的記録による方法でも認められている。宿泊者名簿の保存期間は、作成の日から3年間となっている（旅館業法施行規則第4条の2第1項）。

　宿泊者は、営業者から請求があった場合には宿泊者名簿に記載すべき

---

[46]　「旅館業法第6条の当該官吏又は吏員について」、昭和32年10月8日、衛環発第51号、厚生省公衆衛生局環境衛生部長回答

事項を告げなければならないが、請求があったにも関わらず宿泊者名簿に記載すべき事項を告げない場合は、このことをもって旅館業法第5条第1項第2号に該当するものとして、宿泊を拒否することができると解されている[47]。

⑤ 旅館業法令和5年改正に伴い新たに追加された事項

(1) 従業者への研修機会の提供

第3条の5　略

2　営業者は、旅館業の施設において特定感染症のまん延の防止に必要な対策を適切に講じ、及び高齢者、障害者その他の特に配慮を要する宿泊者に対してその特性に応じた適切な宿泊に関するサービスを提供するため、その従業者に対して必要な研修の機会を与えるよう努めなければならない。

本規定は、特定感染症のまん延防止対策を適切に講ずるとともに、過去のハンセン病元患者の宿泊拒否事例も踏まえ、改正が感染症患者や障害者等の不当な差別的取扱いにつながることのないようにし、高齢者、障害者その他の特に配慮を要する宿泊者に対してその特性に応じた適切なサービスを提供できるようにするため、旅館業の従業者に対して必要な研修を行うことにより、これらの趣旨を徹底し、適正な運用を確保していく趣旨で導入された[48]。

これらの研修を補助する素材として、厚生労働省は研修ツールを作成し、厚生労働省ホームページで公開している[49]。

47　「旅館業法施行規則の一部を改正する省令の施行に関する留意事項について」、平成17年2月9日、健衛発第0209004号、厚生労働省健康局生活衛生課長通知

48　厚生労働省Webサイト、https://www.mhlw.go.jp/kaiseiryokangyohou/second_3.html、令和6年5月25日確認

第2章　旅館業法の基礎

⑵　特定感染症のまん延防止のために必要な協力の求め

第4条の2　営業者は、宿泊しようとする者に対し、旅館業の施設
における特定感染症のまん延の防止に必要な限度において、特定
感染症国内発生期間に限り、次の各号に掲げる者の区分に応じ、
当該各号に定める協力を求めることができる。
一　特定感染症の症状を呈している者その他の政令で定める者
次に掲げる協力
イ　当該者が次条第1項第1号に該当するかどうかが明らかで
ない場合において、医師の診断の結果その他の当該者が同号
に該当するかどうかを確認するために必要な事項として厚生
労働省令で定めるものを厚生労働省令で定めるところにより
営業者に報告すること。
ロ　当該旅館業の施設においてみだりに客室その他の当該営業
者の指定する場所から出ないことその他の旅館業の施設にお
ける当該特定感染症の感染の防止に必要な協力として政令で
定めるもの
二　特定感染症の患者等（特定感染症（新感染症を除く。）の患
者、感染症法第8条（感染症法第44条の9第1項の規定に基づ
く政令によつて準用する場合を含む。）の規定により一類感染
症、二類感染症、新型インフルエンザ等感染症又は指定感染症
の患者とみなされる者及び新感染症の所見がある者をいい、宿
泊することにより旅館業の施設において特定感染症をまん延さ
せるおそれがほとんどないものとして厚生労働省令で定める者
を除く。次条第1項第1号において同じ。）　前号ロに掲げる

49　「生活衛生関係営業等の事業活動の継続に資する環境の整備を図るための
旅館業法等の一部を改正する法律による改正後の旅館業法等に係る研修ツー
ル等について」、令和5年11月15日、事務連絡、厚生労働省健康・生活衛生
局生活衛生課通知

協力

　三　前二号に掲げる者以外の者　当該者の体温その他の健康状態その他厚生労働省令で定める事項の確認の求めに応じることその他の旅館業の施設における当該特定感染症の感染の防止に必要な協力として政令で定めるもの

2　前項の特定感染症国内発生期間は、次の各号に掲げる特定感染症の区分に応じ、当該各号に定める期間（特定感染症のうち国内に常在すると認められる感染症として政令で定めるものにあつては、政令で定める期間）とする。

　一　一類感染症及び二類感染症　感染症法第16条第１項の規定により当該感染症が国内で発生した旨の公表が行われたときから、同項の規定により国内での発生がなくなつた旨の公表が行われるまでの間

　二　新型インフルエンザ等感染症及び新感染症　感染症法第44条の２第１項又は第44条の10第１項の規定により当該感染症が国内で発生した旨の公表が行われたときから、感染症法第44条の２第３項の規定による公表又は感染症法第53条第１項の政令の廃止が行われるまでの間

　三　指定感染症　感染症法第44条の７第１項の規定により当該感染症が国内で発生した旨の公表が行われ、かつ、当該感染症について感染症法第44条の９第１項の規定に基づく政令によつて感染症法第19条若しくは第20条又は第44条の３第２項の規定が準用されたときから、感染症法第44条の７第３項の規定による公表が行われ、又は当該感染症について感染症法第44条の９第１項の規定に基づく政令によつて感染症法第19条及び第20条並びに第44条の３第２項の規定が準用されなくなるときまでの間

3　厚生労働大臣は、第１項第１号ロ及び第３号の政令の制定又は改廃の立案をしようとするときは、あらかじめ、感染症に関する

専門的な知識を有する者並びに旅館業の業務に関し専門的な知識及び経験を有する者の意見を聴かなければならない。

4　宿泊しようとする者は、営業者から第1項の規定による協力の求めがあつたときは、正当な理由がない限り、その求めに応じなければならない。

　旅館業施設は、宿泊拒否について一定の制限が課せられており（旅館業法第5条）、その制限の中で宿泊者の衛生に必要な措置を講じることが義務付けられている（旅館業法第4条第1項）。

　感染症の拡大を防止するためには、換気の徹底や消毒等、必要な対策を講じることが望ましいが、営業者が宿泊者に対して法令上の根拠をもって感染症の拡大防止対策への協力を求めることができるようにし、実効性を持たせる必要があることから本条が新たに追加されるに至った。ただし、本条に基づく協力の求めは、特定感染症国内発生期間に限定されており、具体的な期間については特定感染症が国内で発生した際に、厚生労働省から発表されることになる[50]。

　なお、本条に規定する協力の求めに宿泊者が応じないことのみをもって、営業者が宿泊を拒否することはできず、宿泊者に罰則が科せられるものでもない。

(3)　宿泊拒否

第5条　営業者は、次の各号のいずれかに該当する場合を除いては、宿泊を拒んではならない。
一　宿泊しようとする者が特定感染症の患者等であるとき。
二　略
三　宿泊しようとする者が、営業者に対し、その実施に伴う負担が過重であつて他の宿泊者に対する宿泊に関するサービスの提

---

[50]　厚生労働省Webサイト、https://www.mhlw.go.jp/kaiseiryokangyohou/second_2.html、令和6年5月25日確認

供を著しく阻害するおそれのある要求として厚生労働省令で定
　　めるものを繰り返したとき。
　　四　略
　2　営業者は、旅館業の公共性を踏まえ、かつ、宿泊しようとする
　　者の状況等に配慮して、みだりに宿泊を拒むことがないようにす
　　るとともに、宿泊を拒む場合には、前項各号のいずれかに該当す
　　るかどうかを客観的な事実に基づいて判断し、及び宿泊しようと
　　する者からの求めに応じてその理由を丁寧に説明することができ
　　るようにするものとする。

　宿泊拒否の制限は、契約自由の原則を修正するものである。第1項第
1号は、従来「伝染性の疾病にかかっていると明らか」なときに限って
宿泊を拒むことができるとされていたが、改正により「特定感染症の患
者等」であれば宿泊を拒むことができるとされた。

　第3号は、いわゆるカスタマーハラスメントにあたる行為があった場
合に、宿泊を拒むことができるようにしたものである。厚生労働省令で
定めるものを繰り返す行為を特定要求行為といい、具体的には①不当な
割引や契約にない送迎等の過剰なサービスの要求、②対面や電話等によ
り長時間にわたり不当な要求を行う行為、③要求の内容の妥当性に照ら
して、当該要求を実現するための手段・態様が不相当なもの（身体・精
神的な攻撃や土下座の要求等）といったものが、特定要求行為に該当す
ると例示されている[51]。一方で、障害を理由とする差別の解消の推進に
関する法律（障害者差別解消法）第8条で事業者に求められる合理的配
慮は、宿泊拒否事由には該当しない。

　第2項の「みだりに宿泊を拒むことがないようにする」とは、宿泊拒
否事由に該当する場合であっても、無思慮に宿泊を拒むことがないよう

51　厚生労働省Webサイト、https://www.mhlw.go.jp/kaiseiryokangyohou/
second_1.html、令和6年5月25日確認

にするという趣旨で規定されているため、宿泊しようとする者の状況等への配慮が著しく欠けたままに宿泊を拒むような場合は、「みだりに宿泊を拒む」に該当し得るとされている[52]。

なお、令和5年改正法附則第3条第2項により、営業者は、当分の間、旅館業法第5条第1項第1号又は第3号の規定に基づいて宿泊の拒否をする場合には、書面や電磁的記録により、宿泊を拒んだ理由やその日時、拒否された者及びその対応に係る責任者の氏名、同項第3号による宿泊拒否の場合は宿泊を拒むまでの経過の概要等を記載し、当該書面又は電磁的記録を作成した日から3年間保存する必要がある。

(4) 厚生労働大臣による指針の作成

第5条の2　厚生労働大臣は、前二条に定める事項に関し、営業者が適切に対処するために必要な指針（以下この条において単に「指針」という。）を定めるものとする。

2　厚生労働大臣は、指針を定める場合には、あらかじめ、感染症に関する専門的な知識を有する者、旅館業の業務に関し専門的な知識及び経験を有する者並びに旅館業の施設の利用者の意見を聴かなければならない。

3　厚生労働大臣は、指針を定めたときは、遅滞なく、これを公表しなければならない。

4　前二項の規定は、指針の変更について準用する。

厚生労働大臣は、①特定感染症のまん延防止のために必要な協力の求め、②宿泊の拒否に関する事項について、必要な指針を定めることとされた。当該指針は、厚生労働省ホームページで公表されている[53]。

---

[52] 厚生労働省Webサイト、https://www.mhlw.go.jp/kaiseiryokangyohou/second_3.html、令和6年5月25日確認

[53] 厚生労働省Webサイト、https://www.mhlw.go.jp/stf/newpage_231115_00003.html、令和6年5月25日確認

⑥ 雑則

(1) 報告徴収等

第7条　都道府県知事は、この法律の施行に必要な限度において、営業者その他の関係者から必要な報告を求め、又は当該職員に、旅館業の施設に立ち入り、その構造設備若しくはこれに関する書類を検査させ、若しくは関係者に質問させることができる。

2　都道府県知事は、旅館業が営まれている施設において次条第3項の規定による命令をすべきか否かを調査する必要があると認めるときは、当該旅館業を営む者（営業者を除く。）その他の関係者から必要な報告を求め、又は当該職員に、旅館業の施設に立ち入り、その構造設備若しくはこれに関する書類を検査させ、若しくは関係者に質問させることができる。

3　当該職員が、前2項の規定により立入検査をする場合においては、その身分を示す証票を携帯し、かつ、関係者の請求があるときは、これを提示しなければならない。

4　第1項及び第2項の規定による立入検査の権限は、犯罪捜査のために認められたものと解してはならない。

　許可権者である都道府県知事又は保健所設置自治体の長は、一定の事項についての報告徴収権を有している。この報告徴収権は、必要な報告の求め、施設の立ち入り、書類の検査、関係者への質問権から構成されている。

　第1項と第2項の違いについては、第1項が「営業者」、第2項が「旅館業を営む者（営業者を除く。）」と規定しており、営業者は「許可を受けて旅館業を営む者」と定義されているため（第3条の2第1項）、第1項は営業者への報告徴収権、第2項は無許可営業者への報告徴収権を定めたものである。なお、第2項の規定は、平成29年改正により創設された。

第2章　旅館業法の基礎

(2)　措置命令

第7条の2　都道府県知事は、旅館業の施設の構造設備が第3条第2項の政令で定める基準に適合しなくなつたと認めるときは、当該営業者に対し、相当の期間を定めて、当該施設の構造設備をその基準に適合させるために必要な措置をとるべきことを命ずることができる。

2　都道府県知事は、旅館業による公衆衛生上の危害の発生若しくは拡大又は善良の風俗を害する行為の助長若しくは誘発を防止するため必要があると認めるときは、当該営業者に対し、公衆衛生上又は善良の風俗の保持上必要な措置をとるべきことを命ずることができる。

3　都道府県知事は、この法律の規定に違反して旅館業が営まれている場合であつて、当該旅館業が営まれることによる公衆衛生上の重大な危害の発生若しくは拡大又は著しく善良の風俗を害する行為の助長若しくは誘発を防止するため緊急に措置をとる必要があると認めるときは、当該旅館業を営む者（営業者を除く。）に対し、当該旅館業の停止その他公衆衛生上又は善良の風俗の保持上必要な措置をとるべきことを命ずることができる。

　本条は、許可権者である都道府県知事又は保健所設置自治体の長に対して、所要の措置命令権を与えるものである。

　第1項は、旅館業施設の構造設備に焦点を当てて、当該構造設備が政令で定める基準に適合しなくなったと認められるときには、当該構造設備を政令で定める基準に適合させるために必要な措置を取ることを命ずるものである。

　第2項は、公衆衛生や善良な風俗の保持に焦点を当てて、旅館業施設によって公衆衛生上の危害が発生又は拡大し、あるいは善良の風俗を害する行為の助長又は誘発を防止するために必要があると認められるとき

57

には、必要な措置を取るべきことを命ずるものである。

第3項は、前2項と異なり措置命令の対象が「旅館業を営む者（営業者を除く。）」と規定されており、無許可営業者への措置命令権を定めたものである。本項は、平成29年改正により創設された。

(3) 行政処分（不利益処分）

> 第8条　都道府県知事は、営業者が、この法律若しくはこの法律に基づく命令の規定若しくはこの法律に基づく処分に違反したとき、又は第3条第2項各号（第4号を除く。）に該当するに至つたときは、同条第1項の許可を取り消し、又は1年以内の期間を定めて旅館業の全部若しくは一部の停止を命ずることができる。営業者（営業者が法人である場合におけるその代表者を含む。）又はその代理人、使用人その他の従業者が、当該旅館業に関し次に掲げる罪を犯したときも、同様とする。
>
> 一　刑法第174条、第175条、第182条又は第183条の罪
>
> 二　風俗営業等の規制及び業務の適正化等に関する法律に規定する罪（同法第2条第4項の接待飲食等営業及び同条第11項の特定遊興飲食店営業に関するものに限る。）
>
> 三　売春防止法第2章に規定する罪
>
> 四　児童買春、児童ポルノに係る行為等の規制及び処罰並びに児童の保護等に関する法律第2章に規定する罪
>
> 五　性的な姿態を撮影する行為等の処罰及び押収物に記録された性的な姿態の影像に係る電磁的記録の消去等に関する法律第2章に規定する罪

本条は、営業許可の取消、営業停止処分について定めたものである。条文は、「命ずることができる」と規定されているため、実際に営業許可の取消や営業停止処分を行うかどうかについては、許可権者に裁量が与えられている。本条に基づく行政処分が下されるまでには、一般的に

は、報告徴収等が行われ（第７条）、所要の措置命令が下され（第７条の２）、不利益処分に先立つ意見陳述のための聴聞又は弁明の機会の付与の手続（行政手続法第13条）という経過をたどることになる。

⑷ 聴聞等

第８条の２　国立大学の学長その他第３条第４項に規定する者は、同条第３項各号に掲げる施設の敷地の周囲おおむね100メートルの区域内にある旅館業の施設の構造設備が同条第２項の政令で定める基準に適合しなくなつた場合又は営業者が同条第３項各号に掲げる施設の敷地の周囲おおむね100メートルの区域内において第４条第３項の規定に違反した場合において、当該施設の清純な施設環境が著しく害されていると認めるときは、第７条の２（第３項を除く。）又は前条に規定する処分について都道府県知事に意見を述べることができる。

第９条　第８条の規定による処分に係る行政手続法第15条第１項又は第30条の通知は、聴聞の期日又は弁明を記載した書面の提出期限（口頭による弁明の機会の付与を行う場合には、その日時）の１週間前までにしなければならない。
２　第８条の規定による許可の取消しに係る聴聞の期日における審理は、公開により行わなければならない。

　第８条の２の規定は、第３条第４項に規定する意見照会対象施設の意見照会先である国立大学の学長等が、旅館業施設の構造設備等が基準に適合しなくなった場合に、措置命令や行政処分について許可権者に対して意見陳述ができるとしたものである。
　第９条の規定は、第８条の不利益処分をする前にあらかじめ実施することとされている、行政手続法上の聴聞又は弁明の機会の付与手続において、不利益処分の名宛人となるべき者に対してする書面通知の期限及

び聴聞の期日における審理を公開することを定めたものである。聴聞の期日における審理は原則非公開であるが（行政手続法第20条第6項）、旅館業法第9条第2項はその特則を定めたものといえる。

(5) 国等の責務

> 第9条の2　国及び地方公共団体は、営業者に対し、旅館業の健全な発達を図り、並びに旅館業の分野における利用者の需要の高度化及び多様化に対応したサービスの提供を促進するため、必要な資金の確保、助言、情報の提供その他の措置を講ずるよう努めるものとする。

　本条は、目的条文が現在の内容に改められた平成8年改正で第9条の4として追加され、国及び地方公共団体に対して努力義務を定めたものである。

⑦　罰則

> 第10条　次の各号のいずれかに該当する者は、これを6月以下の懲役若しくは100万円以下の罰金に処し、又はこれを併科する。
> 　一　第3条第1項の規定に違反して同項の規定による許可を受けないで旅館業を営んだ者
> 　二　第8条の規定による命令に違反した者
>
> 第11条　次の各号のいずれかに該当する者は、これを50万円以下の罰金に処する。
> 　一　第5条第1項又は第6条第1項の規定に違反した者
> 　二　第7条第1項又は第2項の規定による報告をせず、若しくは虚偽の報告をし、又は当該職員の検査を拒み、妨げ、若しくは忌避し、若しくは質問に対し答弁をせず、若しくは虚偽の答弁

をした者
　三　第７条の２第２項又は第３項の規定による命令に違反した者

第12条　第６条第２項の規定に違反して同条第一項の事項を偽つて
　告げた者は、これを拘留又は科料に処する。

第13条　法人の代表者又は法人若しくは人の代理人、使用人その他
　の従業者が、その法人又は人の業務に関して、第10条又は第11条
　の違反行為をしたときは、行為者を罰する外、その法人又は人に
　対しても、各本条の罰金刑を科する。

　旅館業法上の許可を得ずに無許可で旅館業を営んだ者及び営業停止命
令に違反して営業をした者に対して、旅館業法上最も重い罰則が規定さ
れている。住宅宿泊事業法に基づく住宅宿泊事業の届出を行わずに住宅
宿泊事業を営む者も、第10条第１号の無許可営業に関する罰則が適用さ
れる。
　宿泊者名簿に記載すべき事項について、虚偽の内容を告げた者に対し
ても、拘留又は科料の罰則が規定されている。
　そのほか、第10条、第11条については両罰規定の定めもある。

> **コラム**

簡易宿所と民泊〜何が違うのか？

　シェアリングエコノミーとは、物や場所だけでなく、スキルなども含めて、貸し借りをする概念である。

　シェアリングエコノミーの中でも特に有名なのが、民泊である。民泊は、個人が住む住居の一室を間貸ししたり、あるいは空き家を貸して宿泊させたりするビジネスモデルである。民泊であっても、宿泊料を受け取って人を宿泊させるものである以上、旅館業の許可の取得が必要である。

　かつての旅館業法の規定では、旅館営業・ホテル営業の許可を取得するためには、最低でも旅館営業では5室、ホテル営業では10室の客室が必要であった。また、簡易宿所営業では居室の床面積が最低でも33㎡必要であり、小規模な施設における旅館業の許可の取得は容易ではなかった。そのため、旅館業の許可を取らずに民泊を行う事例が後を絶たず、ヤミ民泊として、社会問題にもなった。しかし、その後の旅館業法令の改正や住宅宿泊事業法の制定を経て、かつては旅館業の許可の取得が見込めなかった施設であっても、適法に民泊を行うことができる可能性が格段に上昇した。

　民泊というのは、法律上明確に定義された言葉ではない。世の中で民泊物件として営業に出されているものには、大雑把に分類すると、①旅館業法上の旅館・ホテル営業の許可を取得したもの、②旅館業法上の簡易宿所営業の許可を取得したもの、③住宅宿泊事業法上の届出を行ったもの、④国家戦略特別区域法上のいわゆる特区民泊の認定を受けたものが混在している。

　旅館業法の平成29年改正に先立って、平成28年に旅館業法施行令が改正された。この改正では、簡易宿所営業の許可基準である客室の床面積について、「宿泊者の数が10人未満とする場合には、1人あたり3.3㎡」という内容が新たに追加された。当時はまだ、旅館営業・ホテル営業のいずれにも最低客室数の制限があり、住宅宿泊事業法も施行されていなかったため、小規模な民泊施設の営業を行うためには、旅館業法上の簡易宿所営業の許可を取得するしかなかった。このような状況から、当時は、「民泊＝簡易宿所」という構図が強く定着した。今でも「民泊をやりたい＝簡易宿所の許可を取りたい」という話が減らないのは、そのような経緯によるものである。

　現在は、旅館業法上の旅館・ホテル営業の許可は1室からでも取得することができ、住宅宿泊事業法による届出制度も創設されたため、必ずしも旅館業法上の簡易宿所営業の許可を取得する必要はなくなっている。民泊事業を希望する事業者側も、最低限そのような知識のアップデートは必要であろう。

第3章

旅館業法関係法令

第3章　旅館業法関係法令

　本章では、旅館業法に基づく手続を行うにあたり、知っておいた方が
よい関係法令について解説する。本書の性質上、そのすべてに詳細な検
討を加えることはできないが、いずれの法令についても、旅館業法に基
づく手続を取扱う上で、知らないことは致命傷になりかねないものであ
る。関連する法令は地域性により異なるが、興味のある分野については
それらの専門書籍等を参照されたい。

◇1▷　都市計画法

　都市計画法は、都市の健全な発展と秩序ある整備を図り、国土の均衡
ある発展と公共の福祉の増進に寄与することを目的とするために、都市
計画の内容やその決定手続等を定めた法律である。
　本節では、旅館業法に基づく手続に密接に関連するものとして、都市
計画区域・準都市計画区域・市街化区域・市街化調整区域、用途地域、
特別用途地区、地区計画、防火地域・準防火地域について概観する。

①　都市計画区域・準都市計画区域・市街化区域・市街化調整区域

　都市計画法は、国土の無秩序な開発を防ぎ、都市化を促進すべき場所
と都市化を抑制すべき場所を区分けするため、様々な概念を定義してい
る。例えば、都道府県知事は、所要の事項を勘案して一体の都市として
総合的に整備・開発をし、保全する必要がある地域を都市計画区域とし
て指定することができるとしている（都市計画法第5条第1項）。そし
て、都市計画区域には、無秩序な市街化の防止、計画的な市街化を図る
ために市街化区域と市街化調整区域の区分を定めることができる（都市
計画法第7条第1項）。
　市街化区域は、すでに市街地を形成している区域や、おおむね10年以
内に優先的かつ計画的に市街化を図るべき区域とされ、市街化調整区域
は、市街化を抑制すべき区域とされている（都市計画法第7条第2項、
第3項）。都市計画法では、一定の規模を超える開発行為について事前

65

許可制を採用している（都市計画法第29条第1項）。市街化調整区域に
おける開発行為は、原則として許可されない（都市計画法第34条）。都
市部では市街化調整区域のことを考慮する機会はそう多くないが、旅館
業法に基づく手続の依頼を受けた場合には、依頼内容が開発行為の許可
の取得が必要なものか、取得が必要な場合、そもそも許可を取得するこ
とができる地域かどうかの調査が欠かせない。

　なお、都市計画法に基づく開発行為の許可が不要な場合であっても、
地方公共団体の条例などに基づいて、小規模な開発行為の許可の取得が
求められる場合があるため、法令のみならず、条例等の調査も必要となる。

②　用途地域

　都市計画区域には、用途地域を定めることができるとされている（都
市計画法第8条第1項第1号）。用途地域は、建築基準法上の建築物の
用途との関係で、設置できる建築物の種類を制限する。第一種低層住居
専用地域や商業地域など、全部で13の区分がある。

　旅館業法上の許可を取得する必要がある宿泊施設は、住居専用地域な
どの特定の用途地域には設置できないこととされているため、旅館業営業
許可の取得可能性を調査するにあたって、最初に確認すべき事項である。

　なお、用途地域が設定されていない場合もあり、その場合は建築物の
制限はかからない。

③　特別用途地区

　特別用途地区は、都市計画区域に定めることができる地区の1つであ
る（都市計画法第8条第1項第2号）。用途地域や特別用途地区など、
都市計画に定めることができる地区や街区のことを地域地区という（都
市計画法第4条第3項）。

　特別用途地区とは、用途地域内の一定の地区における当該地区の特性
にふさわしい土地利用の増進、環境の保護等の特別の目的の実現を図る
ため当該用途地域の指定を補完して定める地区のことを指す（都市計画

法第９条第14項）。言い換えると、建築基準法上の建築物の建築制限を
上乗せしたり、緩和したりすることができるものである。例えば、用途
地域のうち、低二種低層住居専用地域や第一種中高層住居専用地域のよ
うな「住居専用地域」では旅館やホテルを設置することはできないが、
神奈川県箱根町で特別用途地区の１つとして設定されている「第２種観
光地区」の区域内では、用途地域が第二種低層住居専用地域や第一種中
高層住居専用地域であっても、旅館業やホテルを設置することができる
（箱根都市計画特別用途地区建築条例第５条第１項）。

　そのほか、一定用途の建築物を設置することができない文教地区（東
京都等）や、一定の階層以上を特定の用途以外にすることができない中
高層住居専用地区（東京都千代田区、港区等）といったものもある。

　このように、用途地域だけでなく、都市計画法上の地域地区による制
限の上乗せや緩和がないかを確認することも肝要である。

④　地区計画

　地区計画は、建築物の建築形態、公共施設その他の施設の配置等から
みて、一体としてそれぞれの区域の特性にふさわしい態様を備えた良好
な環境の各街区を整備し、開発し、及び保全するための計画をいう（都
市計画法第12条の５第１項）。都市計画のメッシュを細かくし、地域の
実情などに合わせてよりきめ細やかな計画を策定することができるよう
に設けられたものである。

　この地区計画に基づいて、建築基準法上の建築物の建築制限が行われ
ることもある。

⑤　防火地域・準防火地域

　都市計画における地域地区の１つの区分として、防火地域と準防火地
域がある（都市計画法第第８条第１項第５号）。これらは、市街地にお
ける火災の危険を防除するために定められるものである（都市計画法第
９条第21項）。防火地域や準防火地域に指定されると、建築基準法との

関係で、建築物の構造に対する制限が加えられる。類似するものとして、建築基準法第22条により指定される地域がある。

都市計画法にはこれら以外にも様々なものが用意されているため、本書記載のものに限らず、旅館業施設の営業を予定している土地の都市計画は、あらかじめ徹底的に調査をする必要がある。

② 建築基準法

建築基準法は、建築物に関する最低基準を定めて、建築物の安全を通じて国民の生命、健康、財産の保護を図ることを目指した法律である。建築基準法では、建築物の設備や構造について種々の規定を設けており、本書の性質上そのすべてを網羅して解説することは難しいが、旅館業営業許可の行政手続に関連して筆者が特に重要だと思うものに絞って触れていく。また、様々な例外規定なども存在するが、原則となる規定を中心に取り扱う。

① 建築物

建築基準法は、土地に定着する工作物のうち屋根に加えて柱か壁を有するもの、これに付随する門扉などを建築物として定義する（建築基準法第2条第1号）。建築基準法上の建築物であるといえるためには、土地への定着性と、屋根及び柱若しくは壁が必要となる。これらの基準を満たせば、例えばグランピング施設におけるドームテントのようなものであっても、建築基準法上の建築物になり得る。旅館業の許可を取得しようとする施設が建築基準法上の建築物である場合には、建築基準法上の各種の設備等基準を満たす必要が生じるため、建築基準法上の建築物であるかどうかの判断は重要である。

建築物のうち、学校や病院、旅館や共同住宅などの一定の用途のものについては、特殊建築物として定義して、建築基準法上特別に扱われている（建築基準法第2条第2号）。

第3章　旅館業法関係法令

②　建築物の用途

　建築基準法では、都市計画法上の用語を引用しており、その中には都市計画法上の用途地域も含まれている（建築基準法第2条第21号）。そして、建築基準法は、用途地域の種別に応じて、一定の用途の建築物の建築を制限する規定を置いている（建築基準法第48条）。

　旅館・ホテルの用途である建築物を設置できる用途地域は、以下の通りである。

第一種住居地域（床面積3,000㎡以下のものに限る。）、第二種住居地域、準住居地域、近隣商業地域、商業地域、準工業地域、市街化調整区域外で用途地域の無指定の区域

　ここに記載のない用途地域では、旅館・ホテルの用途である建築物を原則として設置できない。

③　接道義務

　建築物の敷地は、幅員4m以上の建築基準法上の道路に2m以上接していることが原則である（建築基準法第42条、第43条）。これを「接道義務」という。接道義務をクリアしていない敷地には、新たに建築物を建築することができない。地方公共団体は、一定の建築物について、用途や規模、位置などの特殊性を鑑みて避難や通行の安全という目的を達成することが困難な場合には、条例で接道義務の要素である道路の幅員や、敷地が道路に接する部分の長さに関して必要な制限を加えることができる。

　例えば、東京都は東京都建築安全条例第10条の3において、特殊建築物の敷地が道路に接する部分の長さを、最低でも4mとしている。旅館・ホテルは特殊建築物に該当するため、旅館・ホテルの用途に供する部分の延床面積に応じて、接道義務の要素を確認する必要がある。

69

④ 容積率

容積率とは、建築物の延べ面積の、敷地面積に対する割合のことをいう（建築基準法第52条第1項）。容積率は、敷地面積に対する延べ面積の上限値を定めるものであり、各用途地域の種別に応じて都市計画によって具体的な数値が定められ、この都市計画によって定められる容積率を「指定容積率」という。例えば、第一種低層住居専用地域、第二種低層住居専用地域又は田園住居地域内では、10分の5、10分の6、10分の8、10分の10、10分の15又は10分の20の中から指定される。実務上、容積率は「％」で表記される。

この指定容積率に対して、「基準容積率」というものがあり、これは、建築基準法の規定により指定容積率とは異なる制限を受ける容積率のことである。具体的には、建築物の前面道路の幅員が12m未満の場合に、当該前面道路の幅員の数値に用途地域の区分に応じて10分の4又は10分の6を掛けて得た数値を指す（建築基準法第52条第2項）。同一の敷地に複数の容積率を設定しうる場合には、最も数値の低いものを当該敷地の容積率として使用する。

容積率の具体的な計算方法については、例えば、共同住宅の共用部分の床面積は、容積率の算定の基礎には参入しないこととされている。このような緩和措置を使用して容積率の上限ギリギリで共同住宅を建築している場合、当該共同住宅を旅館・ホテルの用途に変更しようとすると、共同住宅のときには容積率の算定の基礎に参入されなかった共用部分の床面積も、容積率の算定の基礎に参入しなければならない。そうすると、用途変更に伴って容積率の上限を超えてしまい、建築基準法違反となり用途変更できない、ということが生じる。したがって、既存の物件を用途変更し、旅館・ホテルの用に供しようという場合には、注意が必要である。

⑤ 耐火構造・準耐火構造・耐火建築物・準耐火建築物

耐火構造とは、壁、柱、床その他の建築物の部分の構造のうち、耐火性能に関して建築基準法施行令第107条で定める技術的基準に適合する

鉄筋コンクリート造、れんが造その他の構造で、国土交通大臣が定めた構造方法を用いるもの又は国土交通大臣の認定を受けたものをいう（建築基準法第2条第1項第7号）。

　準耐火構造とは、壁、柱、床その他の建築物の部分の構造のうち、準耐火性能に関して建築基準法施行令第107条の2で定める技術的基準に適合するもので、国土交通大臣が定めた構造方法を用いるもの又は国土交通大臣の認定を受けたものをいう（建築基準法第2条第1項第7号の2）。

　耐火構造・準耐火構造における「耐火性能」や「準耐火性能」とは、通常の火災による火熱が加えられた場合に、一定の時間損傷を生じないものをいう。

　耐火建築物とは、建築物のうち、主要構造部が耐火構造で、かつ、建築物の外壁の開口部で延焼のおそれのある部分に防火扉等の一定の遮炎性能を有する防火設備を有するものをいう（建築基準法第2条第1項第9号の2）。また、準耐火建築物とは、耐火建築物以外の建築物で、主要構造部を準耐火構造とし、かつ、建築物の外壁の開口部で延焼のおそれのある部分に一定の遮炎性能を有する防火設備を有するものをいう（建築基準法第2条第1項第9号の2）。

　主要構造部とは、壁、柱、床、はり、屋根又は階段をいい、建築物の構造上重要でない間仕切壁、間柱、付け柱、揚げ床、最下階の床、回り舞台の床、小ばり、ひさし、局部的な小階段、屋外階段その他これらに類する建築物の部分は除かれる（建築基準法第2条第1項第5号）。また、延焼のおそれのある部分とは、隣地境界線、道路中心線等から、1階は3m以下、2階以上は5m以下の距離にある建築物の部分のことを指す（建築基準法第2条第1項第6号）。

　都市計画法上の防火地域や準防火地域では、原則として建築物を耐火建築物や準耐火建築物とする必要がある。

⑥　防火区画

　旅館業法施行令第112条は、建築物の防火のための区画について定め

ている。同条第11項では、主要構造部を準耐火構造とした建築物で地階又は３階以上の階に居室を有するものの竪穴部分について、当該竪穴部分とその他の部分を準耐火構造の床若しくは壁、又は一定の遮炎性能を有する防火設備で区画しなければならないとしている。この竪穴部分の防火区画を、竪穴区画と呼ぶ。竪穴部分とは、具体的には、①長屋又は共同住宅の住戸でその階数が２以上であるもの、②吹き抜けとなっている部分、③階段の部分、④昇降機の昇降路の部分、⑤ダクトスペースの部分、その他これらに類する部分を指す。

当該竪穴区画の規定は、階数が３以下で延べ面積が200㎡以内の戸建て住宅、又は長屋若しくは共同住宅の住戸のうちその階数が３以下かつ床面積の合計が200㎡以内であるものにおける、上記②、③、④の部分とこれらに類する部分については適用しないとされている。例えば、竪穴区画が免除されている３階以下で延べ面積が200㎡以内の戸建て住宅を用途変更して旅館・ホテルとして使用する場合に、３階に宿泊室等の居室を設けることにより、戸建て住宅の階段等の部分が竪穴部分に該当することになり、階段の部分とその他の部分を準耐火構造の床若しくは壁、又は防火設備で区画しなければならなくなる。

⑦ 非常用の照明装置

旅館・ホテルの用途に供する建築物の居室、居室から地上に通ずる廊下や階段等の通路には、一定の構造を有する非常用の照明装置を設置する必要がある（建築基準法施行令第126条の４）。戸建て住宅や、小規模な共同住宅などは非常用の照明装置の設置が免除されているため、既存建築物の用途変更を試みる場合には、この点にも注意が必要である。

本節でみてきたことは、建築物の構造や設備に関する部分的なものである。建築物の用途により各種の基準が異なることもあるため、既存建築物の用途変更を行い、旅館・ホテルの用途として利用するためには、建築基準法令に精通した専門家である建築士を巻き込んで、検討をする

第3章　旅館業法関係法令

ことが有用である。

③　消防法

　消防法は、火災の予防、警戒、鎮圧を通して国民の生命、身体、財産を火災から保護すること等を目指した法律である。消防法についても、本書の性質上そのすべてを網羅して解説することは難しいが、旅館業営業許可の行政手続に関連して筆者が特に重要だと思うものに絞って触れていく。また、様々な例外規定なども存在するが、原則となる規定を中心に取り扱う。

①　防火対象物

　防火対象物は、消防法の基本概念となるものであり、山林又は舟車、船きょ若しくはふ頭に繋留された船舶、建築物その他の工作物若しくはこれらに属する物と定義されている（消防法第2条第2項）。建築基準法上の建築物は、通常、防火対象物に含まれるが、山林や舟車といった、明らかに建築物とはいえないものも防火対象物の対象となる。消防法は、この防火対象物に対して、防火安全上の制限等を加えていくことになる。

②　消防法施行令別表第1・特定用途の防火対象物

　消防法では、防火対象物の中でも、多数の者が出入りする等で特に防火対策を要するものを類型化している。具体的には、消防法施行令別表第1として一覧化された防火対象物の用途が該当する。実務上では、単に「別表」等と呼ぶこともある。また、当該別表第1に規定された項数で呼称することも多い。例えば、旅館・ホテル等の宿泊施設は別表第一の5項イに該当するため、「この防火対象物は5項イだから」のようなやり取りをする。当該別表第1に掲げる防火対象物には、消防用設備等を設置しなければならない（消防法第17条第1項）。

　消防法施行令別表第1として類型化された防火対象物のうち、防火管

73

理や火災発生時の援護の必要性が特に強いものを「特定用途の防火対象物」として分類している。特定用途の防火対象物という用語は、消防法令上、具体的に定義されているものではないが、実務上で用いられる機会は多い。具体的には、消防法施行令第1条の2第3項第1号イ及びロに該当する防火対象物が、特定用途の防火対象物として扱われている。特定用途の防火対象物に該当しない防火対象物は、非特定用途の防火対象物と呼ばれることもある。

　なお、消防法には「特定防火対象物」という用語が登場し（消防法第17条の2の5第2項第4号）、これは「特定用途の防火対象物」とは異なる概念であると思われるが、それぞれが対象としている防火対象物の区分はほぼ重複している。所管の消防行政庁や担当者、消防設備業者等により用語の定義が異なることがあるので、協議を行う際には認識のすり合わせが必要であろう。

③　消防設備の区分

　消防法施行令別表第1に掲げる防火対象物には、消防用設備等を設置することとされている。消防用設備は、おおまかに、消火設備・警報設備・避難設備・消防用水・消火活動上必要な施設の5種類に分類される（消防法第17条第1項及び消防法施行令第7条第1項）。消防法施行令第7条第2項以下で、消火設備は10種類、警報設備は5種類、避難器具は2種類、消防用水は2種類、消火活動上必要な施設は5種類におおよそ分類される。消防法令では、これらの消防設備の種類ごとに、防火対象物の用途等に応じて、設備の設置基準や必要な機能を定めている。

④　スプリンクラー設備

　スプリンクラー設備は、消火設備の1つである。スプリンクラー設備の構造を大雑把に説明すると、水源となる貯水槽、スプリンクラーを噴霧するヘッド、ヘッドまで水を通す配管、貯水槽からヘッドまで水を運ぶためのポンプ、停電時でもスプリンクラーを稼働させるための非常用

電源といった設備から構成される。

　スプリンクラー設置の設置部分に関する基準は、消防法施行令第12条に規定されている。旅館・ホテルは別表第1（5）項イに該当するため、地上11階以上の建物の場合には、全フロアに設置することが原則となる（同条第1項第3号）。例えば、既存の共同住宅1棟を丸ごと旅館・ホテルに転用するような場合を想定する。共同住宅の場合、スプリンクラーの設置が必要なのは11階以上の部分のみである（同条第1項第12号）。しかし、11階以上の共同住宅を旅館・ホテル用途へ変更する場合には、共同住宅のときには免除されていた10階以下の階にも、スプリンクラー設備の設置が必要となるのが原則である。

　設置されていないのであれば追加の設置工事をすればよいということになるが、スプリンクラーの水源は、スプリンクラーヘッドの個数に応じて基準となる容量が定められている。1階から10階までスプリンクラー設備が設置されていない共同住宅を転用した場合、10フロア分のスプリンクラーヘッドの個数が増加することになり、それだけ水源の最低容量も増加することになる。共同住宅として建築した当初の水源で増加後の容量を賄えない場合、水源を新たに設置する必要がある。また、それ以外にも新たにスプリンクラー設備用の配管を通すなどの工事も必要となり、スプリンクラー設備が設置されていないところへ新たに設置する工事を行おうとすると、大規模な工事になりそうな予感がしないだろうか。

　スプリンクラー設備については、既存物件を転用する際の最大のネックとなりやすいことから、最優先で検討すべき事項である。

　なお、スプリンクラー設備には、パッケージ型という電源設備などを要しない簡易型のものがあり、このパッケージ型スプリンクラー設備が設置されている物件において、用途の変更に伴って正規のスプリンクラー設備の設置が必要となった場合は、追加工事を行うよりも新築した方がよいということもあり得るため、とにかくスプリンクラーには注意が必要である。

⑤ 自動火災報知設備・消防機関へ通報する火災報知設備

　自動火災報知設備は、警報設備の一種である。自動火災報知設備は、こちらも大雑把な説明ではあるが、煙や熱を感知する感知器と、感知器で火災を感知した信号を受信する受信機から構成される。

　自動火災報知設備は、旅館・ホテル等の宿泊用途では設置が必須である（消防法施行令第21条第第1項第1号イ）。戸建て住宅を宿泊施設として転用する場合には、設置が必要となる。一般的な住宅に設置されている家庭用の自動火災報知設備は、宿泊施設に設置することができる自動火災報知設備とは求められる基準が異なるため、戸建て住宅に設置されているものをそのまま宿泊施設に転用できるとは限らない。また、感知器には煙を感知して作動するタイプのものと熱（炎）を感知して作動するものがあるため、既存物件を転用する際には、これらの感知器の種別についても確認をしたい。

　消防機関へ通報する火災報知設備は、火災の発生時に、専用通報回線を操作することで電話回線を利用して消防機関へ自動的に通報をするための装置である。本設備にはあらかじめ住所や建物名称などが録音されており、音声メッセージにより消防機関へ火災が発生していることを通報することとなる。

　消防機関へ通報する火災報知設備は、旅館・ホテルの場合には延べ面積が500㎡以上のものに設置が必要となり、共同住宅の場合には、延べ面積が1000㎡以上のものに設置が必要となる（旅館業法施行令第23条第1項）。そのため、500㎡以上1000㎡未満の共同住宅を転用する場合には、追加の設置が必要になると思った方がよい。なお、旅館・ホテルの所在地が、消防機関から歩行距離が500m以下である場合には、設置を要しない（消防法施行規則第25条第1項）。

⑥ 避難器具

　消防法令上、すべり台・避難はしご・救助袋などをまとめて避難器具という。実は、この避難器具の扱いについては難しい。何が難しいかと

いうと、消防法令上の避難器具と、建築基準法令上の避難施設があるからだ。

消防法令上の避難器具は、防火対象物の用途と収容人員数に応じて、設置の要否や数量が決まる。一方で、建築基準法令上の避難施設は、避難階又は地上へ通じる二以上の直通階段を設置する義務を緩和するために設けられる。

築年数の古い物件などは、共同住宅であっても避難器具が現行法令の規定と照らし合わせて適切に設置されていないことがある。

⑦　防炎物品

消防法では、旅館や病院などの一定の用途の防火対象物を防炎防火対象物と定義し（消防法施行令第4条の3第1項）、カーテンや布製のブラインド、じゅうたん等の防炎対象物品は、一定の防炎性能をもつものでなければならない（消防法第8条の3第1項）。この防炎性能を有する防炎対象物品のことを、防炎物品という。防炎物品には、「防炎」や「防炎製品」といった、防炎性能を有するものである旨の表示が付されていることが多い。

防炎防火対象物の中に戸建て住宅や共同住宅は含まれないため、旅館・ホテルへの転用に際して、防炎対象物品を防炎物品に入れ替えなければならないことも多い。

建築基準法の節でも確認したように、本節に記載した内容も、消防法令の全体像のうち、ほんの一部である。実際には、各物件の構造や規模に応じて他にも注意すべき点は出てくるであろう。また、消防法令では、所轄の消防行政庁ごとに各種の制限を加重又は緩和させる一定の権限を認めているため、消防設備業者や建築士等を巻き込みながら、個別事例ごとに丁寧な協議を行うことが望ましい。

温泉法・公衆浴場法・食品衛生法

本節では、宿泊事業を行う上で関連する許認可法令として、温泉法、公衆浴場法、食品衛生法を取り上げる。これまで述べてきたことと同様、これらの関連法令のすべてを取り上げることは困難であるが、本書に記載されている内容は、宿泊事業との関連で最低限押さえておきたいものとなる。この後にも共通していえることだが、個別法の詳細については各条文や解説書などをあたっていただきたい。

① 温泉法

温泉は、我が国の貴重な資源である。温泉は、自然に湧出することもあるが、掘削して湧出させた源泉を自家源泉として採取・利用したり、引湯として利用させたりする。このような、温泉の掘削や採取に際して発生する可燃性天然ガスによる災害の防止や、温泉の適正な利用を図り、公共の福祉の増進に寄与することを目指しているのが温泉法である。

宿泊事業との絡みでは、①温泉の掘削・採取に関するものと、②温泉の利用に関するものを押さえておきたい。

(1) 温泉の掘削

温泉法では、温泉を湧出させる目的で土地の採掘をするためには事前に都道府県知事の許可を取得することとしている（温泉法第3条）。当該掘削許可は掘削工事を行う前にする事前申請であるが、掘削に伴い発生する可燃性天然ガスによる災害を防止するための一定の基準に適合していないと許可されない。

掘削の許可の有効期間は2年間とされており、この期間に災害等のやむを得ない理由で工事が完了しない場合にのみ、掘削許可を受けた者の申請により、2年間の期間の更新が可能である（温泉法第5条）。許可を受けた掘削工事が完了するか、又は掘削工事を廃止したときには、その旨を届け出ることとされており、当該届出によって、掘削工事の許可はその効力を失う（温泉法第8条）。

温泉の掘削に関連するものとしては、温泉の湧出路を増掘するための許可手続と、温泉の湧出量を増加させるための動力装置の許可手続がある（温泉法第11条）。

⑵ 温泉の採取

温泉の掘削は、あくまでも源泉を掘削するための許可である。掘削工事により源泉を掘り当てたとしても、そのままでは利用することができない。源泉から温泉を採取し、自家源泉として利用するためには温泉の採取の許可を取得する必要がある。ただし、採取対象の温泉について、温泉法第14条の5に規定されている可燃性天然ガスの濃度が一定基準以内であることの確認を受けた場合には、採取の許可を要しない（温泉法第14条の2）。

温泉には、「ガス」がつきものである。温泉の湧出に伴って発生する天然ガスには可燃性のものもあり、掘削工事や採取時において、引火・爆発を引き起こす事故が過去に何度も発生してきた。特に、平成19年6月に東京都渋谷区の温泉くみ上げ施設で発生した爆発事故では3名の死者と8名の重軽傷者を出すに至る悲惨なものであった。こうした事故を受けて、温泉の採取手続について定めた温泉法の改正が行われ、平成20年に改正法が施行された。

⑶ 温泉の利用

温泉を、旅館や公衆浴場、足湯などの公共のために利用するためには、温泉の利用許可が必要となる（温泉法第15条）。温泉の利用には、飲用と浴用がある。温泉の利用許可は、温泉の成分が衛生上有害でないかどうかという観点から審査が行われる。

温泉を、公共の飲用や浴用に供する場合は、温泉利用施設内の見やすい場所に、温泉成分等の掲示が必要であり、温泉成分の掲示にあたっては、あらかじめ都道府県知事への届出が必要である（温泉法第18条）。温泉成分は、都道府県知事の登録を受けた温泉成分分析を行う者の分析結果に基づいた掲示が必要であり、10年に一度は温泉成分の分析を行い、その都度掲示内容を変更する必要がある。

②　公衆浴場法

　温湯、潮湯又は温泉その他を使用して、公衆を入浴させる施設のこと
を公衆浴場といい、業として公衆浴場を経営する場合には浴場業の許可
を受けることが必要である（公衆浴場法第１条、第２条）。浴場業の許
可のことを、一般的には公衆浴場の許可と称する。

　公衆浴場の許可の前提として、「公衆を」「入浴させる」ことが要件と
なるため、いわゆる「足湯」は、一般的には公衆浴場の許可を必要とし
ない。一方で、岩盤浴、サウナ、よもぎ蒸しといったものは、公衆浴場
の許可を必要とする。公衆浴場の許可の対象となる公衆を入浴させる施
設がどの範囲のものであるかは、公衆浴場法の立法目的である、公衆を
入浴させる施設における衛生の確保の必要性の有無を考慮して判断すべ
きものであり、入浴という語義が何であるかによって判断すべきではな
いとされている[54]。

　なお、他法令に基づき設置され、衛生措置の講じられているものにつ
いては公衆浴場の許可を必要としない。他法令に基づいて設置されるも
のとして、旅館業法の適用を受ける施設内に設置される浴場が含まれ
る[55]。ただし、当該浴場を、宿泊施設の宿泊者以外の者が利用する場合
には、公衆浴場の許可を必要とする[56]。いわゆるホテルや旅館において、
宿泊客以外を対象とする「日帰り入浴」を実施する場合には、公衆浴場
の許可を取得しなければならない。

③　食品衛生法

食品衛生法は、食の安全を担保し、飲食に起因する衛生上の危害を防

54　「公衆浴場法の疑義について」、昭和43年７月25日、環衛第8113号、厚生
省環境衛生局環境衛生課長回答

55　「公衆浴場法等の営業関係法律中の「業として」の解釈について」、昭和
24年10月17日、衛発第1048号、厚生省公衆衛生局長通知

56　「公衆浴場法の疑義について」、昭和29年１月５日、衛発第１号、厚生省
公衆衛生局長回答

止し、国民の健康を保護するための規制を定めた法律である。食品衛生
法では、公衆衛生に与える影響が著しい営業を営む場合には、都道府県
知事の許可を得ることとしている（食品衛生法第55条）。いわゆる、宿
泊施設内にレストランなどを設けて飲食料品の提供を行う場合には、飲
食店営業などの許可を受ける必要がある。

　許可の必要な営業として、32の類型が定められている（食品衛生法施
行令第35条）。いわゆるレストランなどは飲食店営業に分類されるが、
それ以外にも調理や提供の内容に応じて異なる類型が適用されることも
ある。宿泊施設内に主厨房を設置して必要な調理を当該主厨房で行い、
宴会場等別の場所で飲食料品の提供を行う場合であっても、主厨房とし
て食品営業の許可を受ける必要がある。また、ロビーにドリンクディス
ペンサーを設置して、ウェルカムドリンク等と称して飲料の提供をする
場合であっても、食品営業の許可を要する場合があるので、何らかの飲
食料品を提供する可能性がある場合には、事前に許可取得の要否を確認
することが重要である。

　なお、食品衛生法は平成30年に大きな改正が行われ、既存の許可類型
の整理のほか、食品営業の届出制度の創設といった、新たな仕組みの中
で運用が行われている。食品営業の届出は、営業許可が必要な業種や、
営業の届出が不要な業種以外の営業について届出を義務付けるものであ
る（食品衛生法第57条）。例えば、宿泊施設内に設置する売店において、
包装された食肉や魚介類、あるいは乳類やその他の飲食料品を販売しよ
うとする場合には、事前の届出が必要である。また、ホテルなどで見か
けることもある、自動販売機等による氷の量り売りも、届出の対象とな
り得る。

　食品衛生法に関する運用は地域差が大きい分野でもあるので、各施設
の所在地を管轄する食品衛生に関する機関（一般的には、保健所）で事
前の調査・協議を行うことを怠ってはならない。

⑤ 水質汚濁防止法・大気汚染防止法・騒音規制法・振動規制法等

　宿泊施設は、不特定多数の者が利用する施設であり、そうした施設は環境に一定の負荷を与える。宿泊施設に限ったものではないが、ある程度の規模の宿泊施設になってくると、環境保全のための規制を受けることがあるため、本節ではその一部を紹介する。

① 水質汚濁防止法

　水質汚濁防止法は、排水等の規制をすることで、その名前の通り水質の汚濁を防止することを目的とした法律である。水質汚濁防止法は、一定の物質を含む汚水や廃液を排出する施設を特定施設として整理している（水質汚濁防止法第2条第2項）。そして、この特定施設を設置しようとするときは、事前に都道府県知事に届け出ることとしている（水質汚濁防止法第5条第1項）。旅館業施設のうち、厨房施設、洗濯施設、入浴施設の3種類が、特定施設として指定されている（水質汚濁防止法施行令別表第1第66の3号）。

　当該届出の対象となるのは、公共用水域に汚水を排出する場合である。大雑把に説明すると、下水道法に基づく終末処理場を有している公共下水道以外に汚水等を排出する場合が、該当する。したがって、下水道が整備された都市部ではあまり意識することはないが、下水道が整備されていない場所では、水質汚濁防止法に基づく届出が必要になる可能性が高いと思った方がよい。

　旅館業施設のうち、水質汚濁防止法に基づく届出の対象となるのは厨房施設、洗濯施設、入浴施設の3種類であるが、例えば客室に家庭用洗濯機を設置する場合や、客室内の浴槽であっても届出の対象となる。

　なお、水質汚濁防止法の特例法として、瀬戸内海環境保全特別措置法がある。同法に規定される関係府県の区域において、工場等からの汚水を水質汚濁防止法に基づく公共用水域に排出する場合は、同法に基づく

第3章　旅館業法関係法令

特定施設を設置する際に、あらかじめ許可を得る必要がある（瀬戸内海環境保全特別措置法第5条）。この場合、水質汚濁防止法に基づく届出は原則免除される（瀬戸内海環境保全特別措置法第12条）。

②　大気汚染防止法

大気汚染防止法は、事業活動等に伴って生じるばい煙や粉じんの排出に関する規制を設けて、大気の汚染に関して国民の健康の保護すること等を目的とした法律である。旅館業施設との絡みでは、大気汚染防止法施行令別表第1に規定されるばい煙発生施設の設置に伴う届出が考えられる（大気汚染防止法第6条）。具体的には、大型ホテルでボイラーなどを設置する際に、対応が必要になることがある。

③　騒音規制法・振動規制法

騒音規制法と振動規制法は、事業活動等によって生じる騒音・振動について必要な規制を行い、生活環境を保全し、国民の健康の保護に資することを目的としている。いずれの法律も、著しい騒音や振動を発生する施設を特定施設として定義し、特定施設の設置に当たって事前の届出を義務付けている（騒音規制法第6条、振動規制法第6条）。ホテルとの絡みでは、コンプレッサーともいわれる圧縮機を設置する際に、対応が必要になることがある。

④　自家用電気工作物

電気事業法では、電気工作物を一般用電気工作物と事業用電気工作物に大別している（電気事業法第38条第1項、第2項）。さらに、電気事業の用に供する事業用電気工作物以外の事業用電気工作物のことを、自家用電気工作物と定義している（電気事業法第38条第4項）。簡単にいうと、自家用発電設備のことを指す。自家用電気工作物を設置する場合には、保安規程の作成と届出、主任技術者の選任と届出等が必要となる（電気事業法第42条、第43条）。

83

本節で説明してきた水質汚濁防止法上の特定施設、大気汚染防止法上のばい煙発生施設、騒音規制法及び振動規制法上の特定施設のうち、電気事業法上の電気工作物に該当する場合は、各法の規定は適用されず、電気事業法の規定が適用される。したがって、各法で求められている届出義務は生じない（水質汚濁防止法第23条、大気汚染防止法第27条、騒音規制法第21条、振動規制法第18条）。

　また、設置対象の電気工作物が、水質汚濁防止法上の特定施設、大気汚染防止法上のばい煙発生施設、騒音規制法及び振動規制法上の特定施設に該当する場合は、経済産業大臣又は産業保安監督部長に届け出なければならない（電気関係報告規則第4条）。

　自家発電設備を設置するような宿泊施設は、比較的、その規模も大きなものとなり、そうそう頻繁に対応するものではなく、また、これらの法律の適用関係は非常に複雑ではあるものの、知識としてはぜひ押さえていただきたい。

⑤　条例による規制

　ここまで説明してきた水質汚濁防止法、大気汚染防止法、騒音規制法、振動規制法のほかに、各地方公共団体が制定する条例にも注意が必要である。条例であるため、その名称はさまざまであるが、一般的には公害防止条例や、それに類似する名称を冠していることが多い。

　条例では、各法の規制対象からは外れているものの、地域の実情を鑑みて規制を設ける必要があるものに対して規制をかけていることが多い。いわゆる横出し条例と呼ばれるものである。

⑥　農地法・森林法・自然公園法

　本節では、施設の立地に注目した規制を取り上げる。宿泊施設の運営を考えるにあたって、特に遭遇することが多いのが、①農地法、②森林法、③自然公園法である。

なお、土地の開発が絡むものについては、都市計画法等に基づく開発行為の許可が必要となる場合があるため、それについても簡単に触れることとする。

① 農地法

農地法は、農業生産の基盤である農地は限られた貴重な資源であるというスタンスのもとで、農地の他用途転用を規制し、食料の安定供給の確保に資することを目的としている。

農地法では、①農地の所有権移転、②農地の他用途転用、③農地の所有権移転かつ他用途転用をする場合には許可を受けることとしている（農地法第3条、第4条、第5条）。一般的には、①を3条許可、②を4条許可、③を5条許可と呼ぶ。例えば、自らが保有する農地を、宿泊施設を建築するために宅地等にしようとする場合には、4条許可が必要となる。

なお、農業振興地域の整備に関する法律に基づいて指定される農業振興地域について、農業振興地域整備計画に定められた農用地区域内の農地は4条許可を受けることができないため、いわゆる農振除外の手続が必要となる。

② 森林法

我が国の国土面積のうち、約3分の2が森林である[57]。森林法は、国土の大半を占める森林について、森林計画等の基本的な事項を定めて、森林の保続培養と森林生産力の増進とを図り、国土の保全と国民経済の発展に資することを目的としている。

森林法では、森林を国有林と民有林に分類している。国有林は、国が森林所有者である森林をいい、民有林は国有林以外の森林をいう（森林

57　林野庁、『令和5年度　森林・林業白書　第1部　森林及び林業の動向』、p.35

法第2条第3項)。都道府県知事は、農林水産大臣が定める森林計画区に係る民有林について、5年ごとに地域森林計画を立てなければならない(森林法第5条第1項)。そして、地域森林計画の対象となっている民有林において、開発行為をしようとする場合には都道府県知事の許可を受ける必要がある(森林法第10条の2第1項)。ここでいう開発行為とは、土石又は樹根の採掘、開墾その他の土地の形質を変更する行為で、森林の土地の自然的条件、その行為の態様等を勘案して政令で定める規模をこえるものをいう。具体的な開発行為の規模については、森林法施行令第2条の3において規定されている。また、地域森林計画の対象となっている民有林の立木を伐採する場合には、事前の届出を要する(森林法第10条の8)。

農林水産大臣又は都道府県知事は、一定の目的を達成するために必要があるときは、森林を保安林として指定することができる(森林法第25条第1項、第2項)。保安林に指定されると、森林法第10条の8の立木伐採の届出義務は免除されるが、一方で事前に許可を受けなければ立木の伐採ができない(森林法第34条。なお、保安林における伐採の事前届出制について、第34条の2、第34条の3を参照。)。

このように、森林についても様々な制限があるため、森林と思われる場所を開発するような場合には、地域森林計画の対象になっているのか、あるいは保安林の指定がないのか、確認が必要である。地域森林計画は、都道府県や市町村の森林関係の部署で確認ができる。また、保安林については、都道府県は保安林台帳を作成することとされているため、当該保安林台帳を参照することになる。

③ 自然公園法

自然公園法は、優れた風景地の保護と、当該風景地の利用の促進のバランスを調整することで、国民の保健・休養等に資するとともに、生物の多様性の確保にも寄与することを目的としている。

自然公園法では、自然公園として、①国立公園、②国定公園、③都道

第3章　旅館業法関係法令

府県立自然公園という分類を行っている。国立公園は環境大臣が指定をし、国が所管する。国定公園は関係都道府県の申出により環境大臣が指定をし、都道府県が所管をする。都道府県立自然公園は、条例の定めにより都道府県知事が指定をし、都道府県が所管をする。

　自然公園法、自然公園法に基づく条例のいずれにおいても、公園計画に基づいて執行する事業で、一定の施設に関するもののことを公園事業と定義し、民間事業者は、認可を受けることで公園事業の一部を執行することができる。国立公園、国定公園、都道府県立自然公園のいずれでも、同様の構造となっている。公園事業となる施設の一つに宿舎事業があり、旅館・ホテル等の宿泊施設を経営する事業は、宿舎事業として認可を受けることになる。

　また、自然公園内には、公園計画に基づいて、特別地域を指定することができる。当該特別地域内で一定の行為を行う場合には、公園事業の認可とは別に、許可を受ける必要がある。例えば、広告物を設置する行為などが該当する。特別地域に含まれない地域は普通地域という扱いになり、普通地域で一定行為を行う場合には届出が必要である。

④　都市計画法

　都市計画法については本章の冒頭でも触れているが、本項では都市計画法上の開発行為の規制について解説をする。都市計画法は、都市計画区域又は準都市計画区域内で開発行為をする場合には、あらかじめ、都道府県知事の許可を受けなければならないと定めている（都市計画法第29条第1項）。ただし、市街化区域で、1,000㎡未満の規模の開発の場合には許可は不要である（都市計画法施行令第19条第1項）。特別区や一定の区域の場合には、500㎡以上1,000㎡未満の規模の開発も許可対象となる（都市計画法施行令第19条第2項）。区域区分が定められていない都市計画区域及び準都市計画区域の場合は、3,000㎡未満の規模の開発は許可が不要である（都市計画法施行令第19条第1項）。

　都市計画区域・準都市計画区域以外の区域で、1 ha以上の規模の開

87

発を行う場合にも、許可が必要である（都市計画法第29条第２項、都市計画法施行令第22条の２）。なお、市街化調整区域における開発行為については面積に関係なく、一定の基準に適合しない限り原則として許可されない（都市計画法第34条）。

　開発許可の要否について簡単にまとめると、下図の通りである。

開発行為を行う区域	許可の必要な面積	
	原則	特別区等
市街化区域	1,000㎡以上	500㎡以上
区域区分が定められていない都市計画区域 準都市計画区域	3,000㎡以上	
（準）都市計画区域外	1 ha以上	
市街化調整区域	面積に関係なく許可が必要	

〈7〉 その他の法令

　ここまで解説してきたもの以外にも、宿泊施設の運営に伴って考慮が必要な法令は数多くある。本書の最後に、付録として関係法令の一覧を掲載しているので、そちらも参照していただきたい。

① クリーニング業法

　クリーニング業法では、「溶剤又は洗剤を使用して、衣類その他の繊維製品又は皮革製品を原型のまま洗たくすること（繊維製品を使用させるために貸与し、その使用済み後はこれを回収して洗たくし、さらにこれを貸与することを繰り返して行うことを含む。）を営業とすること」をクリーニング業と定義している（クリーニング業法第２条第１項）。クリーニング業を営む者のことを営業者とし、営業者には洗濯をしないで洗濯物の受取及び引渡しをすることを営業とする者（いわゆる、取次店）を含む（クリーニング業法第２条第２項）。クリーニング所以外では、洗濯物の処理を行ってはならない（クリーニング業法第３条第１

項)。そのため、自らはクリーニング業を営まない取次者であっても、クリーニング所が必要となる。そして、クリーニング所を開設する場合は、事前に都道府県知事に届出が必要である（クリーニング業法第5条第1項）。宿泊施設が宿泊客から洗濯物を預かり、クリーニング業を営む者に取り次ぐ場合には、クリーニング所の開設の届出が必要となる。

②　コインランドリー

コインランドリーとは、備え付けの洗濯機を用いて、利用者が自ら洗濯する方式のものをいう。コインランドリーはその営業形態から、クリーニング業法の適用があるかのように見えるが、いわゆるこうしたコインランドリーについてはクリーニング業法の適用はない[58]。また、コインランドリーについて規制する法律はないが、コインランドリー施設の衛生確保を目的とした要綱が厚生省により制定されている[59]。

なお、各地方公共団体でも当該要綱に沿って独自に要綱等を定めて、営業施設の設置に当たって届出等を求めていることもある。

③　プール

プールについて規制している法律も存在しない。ただし、プールの安全確保を目的として「プールの安全標準指針」が文部科学省・国土交通省の共管で定められており、遊泳用のプールの衛生水準を確保することを目的として「遊泳用プールの衛生基準について」が厚生労働省により定められている。なお、学校用のプールは、「学校環境衛生基準」が文部科学省により定められている。

地方公共団体においては、厚生労働省の定めた衛生基準を参考に、地方公共団体ごとに条例や要綱等を独自に定めることで、規制を行うとこ

---

[58]　「クリーニング業法の疑義について（コイン・オペレーション・クリーニング機）」、昭和40年6月18日、環衛第5069号、厚生省環境衛生課長回答

[59]　「コインオペレーションクリーニング営業施設の衛生措置等指導要綱について」、昭和58年3月29日、環指第39号、厚生省環境衛生局指導課長通知

ろもある。

④ 浄化槽法

便所と連結して、し尿や雑排水を処理し、下水道法に規定する終末処理場を持つ公共下水道以外に放流する設備・施設を浄化槽といい（浄化槽法第2条第1号）、浄化槽を設置する際には都道府県知事等に届出が必要である（浄化槽法第5条第1項）。建築基準法上の建築確認を要する浄化槽の設置に当たっては、当該設置の届出は不要である（浄化槽法第5条第1項但し書き）。浄化槽の設置に当たっては、設置時の届出のみならず、定期的な保守点検・定期検査等を要する。

なお、一定規模以上の浄化槽については、水質汚濁防止法及びその各種特例法の規制対象となっている。そのため、浄化槽法に基づく手続のほかに、各法に基づく手続も必要となる。

⑤ 水道法

宿泊施設で使用する水が、水道法に規定する水道事業の用に供する水道（いわゆる水道水）である場合には、特段の行政手続は必要ない。水道法上、寄宿舎、社宅、療養所等における自家用の水道その他水道事業の用に供する水道以外の水道で、①100人を超える者にその居住に必要な水を供給するもの、②その水道施設の1日最大給水量が政令で定める基準（人の飲用等の目的のために使用する水量が20㎥）を超えるもののいずれかに該当するものを専用水道という（水道法第3条第6項）。この専用水道の布設工事する場合には、工事の着手前に確認を受ける必要がある（水道法第32条）。

また、水道事業の用に供する水道及び専用水道以外の水道で、水道事業の用に供する水道から供給を受ける水のみを水源とするものを、簡易専用水道という（水道法第3条第7項）。具体的には、有効水量が10㎥超の貯水槽を設置して、水道事業の用に供する水道からいったん貯水槽に水を貯留し、給水するものを指す。簡易専用水道の設置者は、その水

道を管理する義務がある（水道法第34条の２）。そのほか、条例や要綱によって、簡易専用水道の設置に関する届出を義務付けている地方公共団体もある。

⑥　建築物衛生法

　建築物衛生法は、「建築物における衛生的環境の確保に関する法律」が正式名称である。建築物衛生法は、建築物の衛生環境の確保などを目的として、一定の建築物を特定建築物と定義し、当該特定建築物に関する維持管理の基準を定めている。特定建築物は、一定の用途に供する建築物で、当該一定の用途に供される部分の延べ面積が3,000㎡以上のものをいう（建築物衛生法施行令第１条）。この一定用途の中に、旅館が含まれている。

　建築物が特定建築物に該当することになった場合には、都道府県知事等に届出が必要である（建築物衛生法第５条）。当該届出をする義務がある者は、建築物の所有者である。ただし、特定建築物の全部の管理について権限を有するものがある場合には、当該権限を有する者が届出義務者となる。

　特定建築物に該当するに至った場合は、政令で定める建築物環境衛生管理基準に従って、当該特定建築物の維持管理をしなければならない（建築物衛生法第４条第１項）。特定建築物の維持管理に当たっては、建築物環境衛生管理技術者免状を有する者のうちから建築物環境衛生管理技術者を選任しなければならない（建築物衛生法第６条第１項）。

⑦　酒税法

　施設内に売店等を設けて、酒類を販売する場合には、酒類販売業の免許を取得する必要がある（酒税法第９条）。ここでいう販売は、未開栓の酒類を物販として販売することである。開栓した酒類を飲料品として提供する場合には、食品衛生法上の許可（飲食店営業許可等）が必要になる。酒類販売業の免許には大きく、小売業免許と卸売業免許があるが、

一般消費者に販売するためには小売業の免許が必要である。小売業の免許は、さらに一般酒類小売業免許と通信販売酒類小売業に分類される。売店のような店頭小売には一般酒類小売業免許が必要であるが、2都道府県以上の広範な地域の消費者を対象として、商品の内容や販売価格等の条件を、インターネット・カタログの送付等により提示し、郵便や電話、その他の通信手段により売買契約を行う場合には通信販売酒類小売業の免許が必要である。通信販売酒類小売業免許が必要になる取引として、必ずしもインターネットを利用したオンラインショップに限られないことは重要である。

　酒類販売業免許は、免許申請者が酒場、旅館、料理店等酒類を取り扱う接客業者に該当する場合には原則として免許付与されない（酒税法解釈通達、第10条　製造免許等の要件、第11号関係、3　一般酒類小売業免許の需給調整要件、⑵）。ただし、販売場（レジを含む）とその他の部分の区画、販売用の酒類とその他の用途で利用する酒類の仕入・保管の分離、従業者の分離などを示すことができれば、免許は付与される。

　宿泊施設によっては、客室内に備え付けられた冷蔵庫等にあらかじめ酒類等の飲料を格納しておき、宿泊者が当該冷蔵庫等に格納された飲料を利用するミニバーという仕組みがある。ミニバーの一般論としては、当該ミニバー内の酒類をその場（宿泊施設内）で消費することを前提として、ミニバーが設置された客室を利用する宿泊者に対してミニバーを利用させる場合には、あくまで宿泊サービスの一環となり、酒類販売業免許の対象外となる。ただし、あくまでも施設内で消費することが前提なので、持ち帰りを推奨する場合などは酒類販売業免許の取得対象となる可能性がある。この点は、あらかじめ、販売場の所在地を管轄する酒類指導官がいる税務署に確認しておくのがよい。なお、ミニバーが食品衛生法上の食品営業の届出（食品衛生法第57条）の対象になるかどうかについても、管轄の保健所等に確認しておく方がよいだろう。

　もし、宿泊施設で、自ら醸造等、酒類の製造をする場合には、酒類製造業の免許のほか、食品衛生法上の酒類製造業の許可を取得する必要が

ある（酒税法第8条、食品衛生法第55条）。

⑧　風営法

　風営法は、「風俗営業等の規制及び業務の適正化等に関する法律」が正式名称である。宿泊施設との絡みでは、①宴会場を設けて、当該宴会場で、コンパニオン派遣業者からコンパニオンの派遣を受けて、宿泊者を接待するような場合、②女将さんや仲居さんがお酌や必要以上の談笑をする場合、③客に飲食をさせる営業で、施設内の照度が著しく暗い（10ルクス以下）場合、④ゲームセンター等の遊戯設備を設置する場合に、風営法上の手続が必要になる場合がある。①や②は風俗営業のうち社交飲食店（風営法第2条第1項第1号）、③は低照度飲食店（風営法第2条第1項第2号）と一般的に呼ばれる。

　ゲームセンター等については、ホテル内の区画された施設で、営業中における当該施設の内部を、当該施設の置かれるホテル等において当該施設の外部から容易に見通すことができるものは、許可の取得対象となるものから除外される（風営法施行令第1条）。また、ゲームセンターの対象となる遊技設備設置部分を含む1フロアの客の用に供される部分の床面積（A）に対して、客の遊技の用に供される部分の床面積（B）を原則3倍した数値が占める割合が10パーセントを超えない場合は、当面の間、風営法の許可は不要としている[60]。少し分かりにくいが、例えば（A）の面積が500㎡、（B）の面積が16㎡の場合は、（B）を3倍した数値である48㎡は（A）の10パーセントを超えないため風営法の許可は不要であるが、（B）の面積が17㎡の場合は、（B）を3倍した数値が（A）の10パーセントを超えるため、風営法の許可を要することになる。この点、許可の要否の判断については、風営法の管轄行政庁である警察機関に相談しておくことが必要である。

60　「風俗営業等の規制及び業務の適正化等に関する法律等の解釈運用基準について」、令和4年4月1日、警察庁丙保発第13号、丙人少発第6号、警察庁生活安全局長通達

⑨ 興行場法

映画、演劇、音楽等の興行を公衆に見せ、又は聞かせる施設のことを興行場といい、興行場を業として経営する場合には許可を要する（興行場法第1条、第2条）。例えば、ホテルのホールや旅館の宴会場で催し物を行う場合に、興行場法の許可が必要かどうかが問題になる。この点について、施設の本来の用途が飲食・宴会等に供するものであり、当該施設で行われる催し物が、飲食・宴会等に興を添えるものである限りは興行場法の許可は不要であるが、業として宿泊者以外の者をも入場観覧させている場合や、レストランシアターのような実質上劇場としての機能が中心である施設のような場合は、興行場法の許可が必要となる[61]。

⑩ 国際観光ホテル整備法

国際観光ホテル整備法は、外国人旅客向けに整備された旅館及びホテルについての登録制度を設けることで、施設の整備や登録ホテル等に関する情報提供を促進し、外国人旅客に対するサービスを充実させて、国際観光の振興に寄与することを目的としている。

本法に規定する登録制度は、あくまでも旅館業施設に対する任意の上乗せである。登録のメリットとしては、地方税法上の軽減措置を受けることができる場合がある。

⑪ 屋外広告物法

良好な景観の形成や、公衆に対する危害を防止するため、屋外広告物等について必要な規制を定めたものが、屋外広告物法である。屋外広告物法は、個別具体的な規制を都道府県が条例で定めることを予定しており、実際、各地方公共団体が屋外広告物に条例を定めて、当該条例で屋外広告物の掲出等について許可を受けることを求めている。

61　「旅館内において催し物が行なわれる施設に対する興行場法の適用について」、昭和46年9月8日、環衛第162号、厚生省環境衛生課長回答

第3章　旅館業法関係法令

実際にどのような掲出物や表示が屋外広告物に該当するかは、当該地方公共団体により異なるため、屋外広告物の掲出や表示をする前に、あらかじめ確認しておく必要がある。

⑫　道路占用許可

道路占用とは、道路に一定の工作物等を設置して、継続して道路を使用することをいい、道路を占用するために必要な許可を「道路占用許可」という。似た言葉として道路使用許可があるが、道路使用は、道路を一時的に使用することをいう。道路占用は、例えば道路に電柱を設置したり、配管等を埋設したりする際に必要となる。道路使用は、工事のために一時的にフェンスを設置する場合や、露店・屋台を出す際等に必要となる。利用形態によっては、道路占用許可と道路使用許可の両方が必要になる場合がある。

道路占用許可は、道路法32条がその根拠であり、道路管理者の許可が必要である。国道の場合は、当該国道を管轄する国道事務所等に、都道府県道や市区町村道の場合は、当該地方公共団体の道路を管轄する行政機関が窓口となる。道路使用許可は、道路交通法第77条がその根拠であり、道路を使用する行為に係る場所を管轄する警察署長の許可が必要である。具体的には、所轄の警察署が窓口となる。

道路占用許可に類似する制度として、河川法上の河川を占用する際の許可（河川法）、海岸・港湾を占用する際の許可（海岸法・港湾法）、道路法上の道路や河川法上の河川に該当しない里道・水路等の法定外公共物の占用許可などがある。法定外公共物は、各地方公共団体の条例によりその運用が図られている。

繰り返しにはなるが、本章に記載した関係法令は、一部に過ぎない。筆者が把握していないような地方公共団体の条例に基づく手続も当然あるであろうし、旅館業営業許可に関する手続を始めるにあたっては、とかく徹底的に事前調査をする必要がある。本書末尾の付録が、そうした事前調査の一助になればと思う次第である。

> **コラム**

地域活性化の切り札！？　分散型ホテルとは

　分散型ホテルをご存知だろうか。町や地域内に点在している建物を客室に見立て、その町や地域を1つの宿泊施設として扱う形態のビジネスモデルである。これは、1976年に北イタリアで発生した大地震からの復興の中で提案された考え方で、もともとは、アルベルゴ・ディフーゾという。「分散型ホテル」は、このイタリア語の直訳である。

　一般的な宿泊施設であれば、例えば本館と別館が隣接していたとしても、それぞれが別の宿泊施設として許可を取っており、施設ごとにフロント・玄関帳場を有しているということが多い。分散型ホテルは、フロント・玄関帳場となる受付施設を中心として、客室代わりの建屋、飲食店などがその名の通り地域内に分散している。客室となる建屋は、空き家や、歴史的な建造物を活用する場合も多い。

　分散型ホテルが考え出されたきっかけが震災復興のための地域活性化であったのと同様に、現在日本でも展開されている分散型ホテルは、空き家問題の解決を含めた、地域活性化の切り札として注目されている。

　日本国内で分散型ホテルを展開する場合も、旅館業法に基づく許可を取得するのが原則である。従来は、旅館営業やホテル営業では最低客室数が5室や10室と定められており、フロント設備の設置が必須であったことから、分散型ホテルであっても、建屋ごとに許可を取得する必要があった。しかし、旅館業法の改正に伴って最低客室数の制限が撤廃され、またフロントを設置せずに代替措置を講じることで、分散型ホテルのような営業形態であっても、1つの旅館業施設として許可を取得することが可能となった。

　ただし、平成19年に発出された京都の町屋に関する厚生労働省の通達では、「市内に点在し各々の営業施設が関連することなく個別に立地している場合については、そもそも構造設備基準に基づく入浴設備の規模、洗面設備の規模、便所の数等は、個々の営業施設ごとにその規模及び数が適当であるか否かを判断すべきことから」「町屋ごとに許可が必要となる」としており、この通達自体は現在も有効なため、分散型ホテルとして1つの許可を取得するためには、分散型ホテルの営業を検討している一連の施設の内容が、施設としての一体性や関連性を有しているか、当該分散型ホテルを設置したい自治体の旅館業許可の基準となる構造設備基準を満たしているかどうか、といった点を自治体ごとに協議していく必要がある。

　私見ではあるが、旅館業法が想定している宿泊施設は、当該宿泊施設が単独で完結する営業形態であって、分散型ホテルのような地域を一体の宿泊施設として見立てる営業形態は想定していないように感じる。そこで、既存の営業の種別に基づいて画一的に構造設備基準を適用するのではなく、複数の施設で一体の宿泊施設を構成する場合の基準を設けるなどして、明確な基準を定めてもよいのではないかと考える。

〈参考〉
① 　一般社団法人　アルベルゴ・ディフーゾインターナショナル極東支部Webサイト、https://albergodiffuso.jp/
② 　「旅館業法の適用について」、平成19年12月21日、健衛発第1221001号、厚生労働省健康局生活衛生課長回答

第4章

旅館業営業許可の申請手続

第4章　旅館業営業許可の申請手続

　本章では、旅館業営業許可の具体的な申請手続について解説する。ま
ずは、許可申請手続の流れについて触れ、その後、いくつかのケースス
タディで個別事案ごとの申請手続の流れを確認する。それぞれの節では、
まず手続の流れのイメージを掴むために、手続フローを図で示す。その
後、図示した内容を文章で詳細に解説していくスタイルを取る。

　許可申請手続の流れについては、案件によって事情が異なるのは当然
であるが、まずは進め方をざっくりと把握し、案件ごとに応用していた
だきたい。

◇1◇　一般的な許可申請手続の流れ

　本節では、許可申請手続の流れについて解説する。所与の条件により
進め方は異なるが、本節では、既存の建築物を他の用途から旅館・ホテ
ルに用途変更することを念頭に置くこととする。

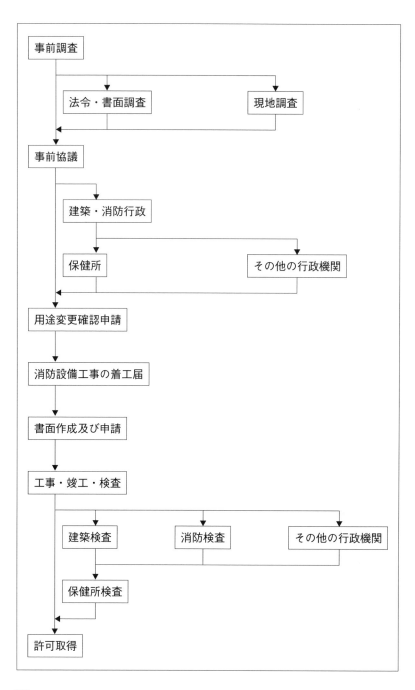

第4章　旅館業営業許可の申請手続

① 事前調査

　新築物件であっても、既存建築物件であっても、宿泊事業の営業について検討する場合、最優先で行うのは事前調査である。事前調査は、建築でいえば、いわば建物の基礎となる部分であり、ここをないがしろにすればその後のすべてがひっくり返ることさえある。事前調査をし尽くしても想定しえないことはあるが、事前調査を怠ってよい理由にはならない。

　事前調査には、大きく(1)法令（書面）調査と、(2)現地調査がある。

⑴ 法令（書面）調査

　法令調査・書面調査は、テキストベースで行う調査である。その時点で保有している情報や資料を元に、徹底的に行う。その時点で想定できる法律・政令・省令のほか、条例・規則にも目を通す。旅館業の法令・書面調査で一般的に行うものとしては、次のようなものがある。

(イ)　市街化（調整）区域、用途地域、地区計画等の都市計画の確認

(ロ)　自然公園、農業振興地域、農地等の区域の確認

(ハ)　図面、建築概要の確認

(ニ)　建築、増改築時の検査済証の有無の確認

(ホ)　旅館業法、旅館業法施行令、旅館業法施行規則、旅館業法施行条例、旅館業法施行細則（地方公共団体の規則）の読み込み

(ヘ)　関連法令の調査、読み込み

　旅館・ホテル等の宿泊施設は、都市計画法や建築基準法で一定の制約を受ける。例えば、住居専用地域と呼ばれる用途地域ではそもそも旅館・ホテル等の用途に供する建築物は設置できないし、各地方公共団体が設定する地区計画等によっても、建築制限を受ける。このような物件については、旅館業の営業許可を取得できないか、仮に許可を得る手段があったとしても、時間、工数がかかり採算が取れないこともある。す

101

べてを最初から決めつけて諦めてしまうには早い段階ではあるが、法令の制限がかかっていることを念頭に置くことは、迅速かつ確実な意思決定をする上で重要である。

用途変更をするにあたっては、その時点で建築物が建築基準法の規定に適合しているか、既存不適格建築物として建築当時の建築基準法の規定に適合している必要がある。既存不適格とは、建築後に法改正によって現行の基準に適合しなくなったとしても、建築当時に適法であったのであれば現行の規定を適用しない建築物のことをいう。通常、建築物を建築する際は、工事着工前に確認申請を行い、建築予定の建築物が建築基準法に適合していることの確認を受ける。その後工事を行い、工事完了後には竣工後の建築物が確認申請時に提出した設計図書どおりになっているかの検査を受け、問題がなければ検査済証の発行を受ける。検査済証が発行されることで、建築物はその時点で法適合していたことを立証することができる。

この検査済証が発行されていないと、適法な建築物であるかどうかの担保が取れないため、用途変更をすることができない。したがって、書面調査の段階でこの建築の検査済証の有無についても確認したい。検査済証が発行されたか分からない場合には、地方公共団体の該当部署で、台帳の閲覧や台帳記載事項の証明を受けることができる。そこに検査済証が発行された旨の記載があれば、たとえ検査済証の原本を紛失していたとしても、対処可能である。

検査済証が発行されていない場合、必ずしも用途変更ができないというわけではなく、国の策定したガイドラインによる手法を用いることで、用途変更をすることは可能である[62]。

(2) 現地調査

現地調査は、本書では実際に物件の所在場所まで出向いて行う調査のことを指す。たとえ図面があったとしても、現況と変わっていることも

---

62 「検査済証のない建築物に係る指定確認検査機関を活用した建築基準法適合状況調査のためのガイドライン」、平成26年7月、国土交通省

第4章　旅館業営業許可の申請手続

多く、自らの目で確認することが重要である。

用途変更をする際は、建築物の状況に応じて、現行法令に適合させなければならないものと、現行法令に適合していなかったとしても、新築や増改築当時に適法であったのであれば引き続き現行法令に適合していなかったとしても問題ないものがあり、これらの判定には専門的な知識を要するため、建築基準法の専門家である建築士の協力が不可欠である。

用途変更をする際に現行法令に適合させなければならないもののうち、遭遇頻度の高いものとしては次のようなものがある。

㈠　接道義務

建築物の敷地は、建築基準法上の道路に2m以上の間口で接する必要があり、これを接道義務という（⇒第3章の2の③）。接道義務は、地方公共団体の条例により規制を付加することが可能であり、条例により付加された規制は、建築物の用途を変更する際に、現行の規定が適用される（建築基準法第87条第2項）。例えば、東京都は条例で特殊建築物の敷地が道路に接する間口の長さを延床面積に応じて最低でも4m以上としており、旅館・ホテルは特殊建築物に該当するため、用途変更にあたって接道義務を満たしているかの確認が必要である。

既存建築物を、他の用途から旅館・ホテルの用途へ変更するための確認申請が必要になるのは、当該旅館・ホテルの用途に供する部分の床面積が200㎡を超えるものである（建築基準法第6条第1項第1号）。しかしながら、用途変更に対する建築基準法の規定の適用を定めた建築基準法第87条は、用途変更の確認申請の有無を要件としていないため、現行の建築基準法上の規定に適合させなければいけないものについては、用途変更の確認申請の必要ない用途変更であっても、適合させなければならない。したがって、都市部などで見かけることの多い、狭隘な入り組んだ裏路地に建つ戸建て住宅などを宿泊施設として転用するようなケースについては、注意が必要であろう。

㈡　容積率

容積率は、建築物の延べ面積の敷地面積に対する割合のことであり、

103

指定容積率又は基準容積率のうち、より厳しい数値のものが適用される（⇒第３章の２の④）。容積率は、敷地面積に対してどれだけの床面積の建築物を建築できるかという上限を定めるものであるため、例えば共同住宅の建設に当たっては、この容積率の基準がどのようになっているかは重大な関心事項となる。いわゆる分譲マンション等を建築するデベロッパーからすれば、容積率が緩和され、少しでも建築物の延床面積を増やすことができれば、住戸数も増え、住戸数が増えれば販売物件数も増えることになる。また、限られた土地に多くの人口を抱える都市部では、供給可能な住戸数が増えるというメリットもある。

　こうしたこともあり、容積率の算定に当たっては、建築物の床面積のうちの一部を含まない特例制度が設けられている。特例制度には様々あるが、共同住宅で一般的に用いられているものとしては、「エレベーターの昇降路の部分」、「共用廊下又は階段の用に供する部分」がある。

　例えば、既存の共同住宅を旅館・ホテルの用途に変更して旅館業を営もうとすると、共同住宅であることを前提に容積率の算定面積の基礎として算入しないものとされていた部分の床面積が、用途変更を機に容積率の算定面積の基礎として算入されることになり、その結果容積率の上限を超えてしまい、建築基準法違反となるために用途変更できない、といったことがある。容積率が超えてしまうということは延べ床面積が過剰になっているということなので、どうしても当該物件で旅館業を営みたいのであれば、容積率を適合させるために、建築物の一部を撤去・取り壊し、減築する必要がある。

　なお、すべての共同住宅で特例が使用されているわけではないので、その点にも注意が必要である。容積率は、建築時の図面等で確認することができるので、書面調査として行う側面が強いが、説明の便宜上現地調査の項で取り上げた。

㈁　防火区画

　防火区画とは、建築物の内部で火災が発生した際に、急激な延焼を防ぐために一定の基準で建築物内に設ける区画のことである（建築基準法

施行令第112条）。防火区画には、「面積区画」「高層区画」「竪穴区画」「異種用途区画」の４つがある。どれも規定としては重要であるが、旅館・ホテルへの用途変更に際しては、特に竪穴区画と異種用途区画は気を付けたい。

竪穴区画とは、主要構造部を準耐火構造とした建築物で地階又は３階以上の階に居室を有するものの竪穴部分とその他の部分を準耐火構造の床若しくは壁、又は一定の遮炎性能を有する防火設備で区画しなければならない防火区画のことである（⇒第３章の２の⑥）。竪穴部分に該当するものとして建築物の階段の部分も含まれるが、竪穴区画の規定は、階数が３以下で延べ面積が200㎡以内の戸建て住宅、又は長屋若しくは共同住宅の住戸のうちその階数が３以下かつ床面積の合計が200㎡以内であるものの場合には、当該階段の部分とこれらに類する部分については適用しないとされている。したがって、戸建て住宅の用途を変更することで、戸建て住宅として免除されていた竪穴区画の規定が適用されることになり、そのままでは建築基準法上の基準を満たせないということがある。

異種用途区画とは、建築物の一部が建築基準法第27条第１項から第３項のいずれかに該当する場合に、その部分とその他の部分とを、一時間準耐火基準に適合する準耐火構造の床若しくは壁、又は一定の構造を有する特定防火設備で区画しなければならない防火区画のことである（建築基準法施行令第112条第18項）。一時間準耐火基準とは、建築物の主要構造部である壁、柱、床、はり、屋根の軒裏の構造が一定の基準に適合しているものを指す（建築基準法施行令第112条第２項）。異種用途区画については、例えば、事務所ばかりが入っていたテナントビルの高層階部分に、新たにホテルが入るような場合に対応が必要になる可能性がある。

㈡　**その他**

ここまで解説してきたもの以外にも、気にすべきポイントは多岐にわたる。もちろん、ケースバイケースではあるのだが、現場でしか得られない情報は多いため、常に気を配るようにしたい。例えば、非常用照明

設備の設置状況、消防設備の設置状況、下水道の整備が不十分な地域では浄化槽の設置状況、近隣に学校等がある場合には宿泊施設の客室への見通しがどうなっているか、といった点は頭の片隅に入れておきたいところである。

建築設備や消防設備に関しては、その道の専門家である建築士や消防設備業者も巻き込んで確認を行った方が効率が良いのはいうまでもない。

② 事前協議

書面調査や現地調査で得た情報をもとに、次は各行政機関へと出向いて協議を行う。この協議も、調査の一環である。どれだけ世の中が便利になっても、行政機関に出向くことで初めて得られる情報もある。行政手続とは、いまだそのような分野である。行政機関のホームページに公開されていない情報は、出向いて取得するほかない。

⑴ 建築行政

協議はどの順序で行っても問題はないが、建築部分に関する障壁は、そのまま宿泊施設への転用を進めるかどうかという部分にも直結するので、できるだけ早い段階で済ませておいた方がよい。ここでいう建築には、建築物の構造や設備に関するものだけでなく、都市計画に関する情報も含まれる。地方公共団体によって、同一の部署で対応しているところもあるが、都市計画と建築は別の部署で対応していることも多い。

都市計画については、書面調査の時点で都市計画区域、用途地域、地区計画といったことが判明していなければ、確認を行う。また、用途変更に際して開発行為の許可等が必要な場合にも、必要な手続等の精査を行う。都市計画法では、開発許可や建築許可を受けて建築した建築物の用途を変更する場合には、改めて開発許可や建築許可を得る必要がある（都市計画法第42条、第43条）。

建築物の構造や設備に関する協議については、用途変更の確認申請の有無に関わらず、建築基準法上の変更後の用途に求められる各種の基準に適合させる必要があるため、当該分野の専門である建築士を巻き込ん

第4章　旅館業営業許可の申請手続

で実施する方がよい。

⑵　消防行政

　建築物の用途を変更する上で消防設備の協議も忘れてはならない。消防に関する協議は、地域によって消防署だったり消防本部だったりする。

　消防設備は、防火対象物の用途のほか、規模、構造、収容人員数等に応じて求められる基準が異なる。用途変更をする際に一般的に必要になるものとしては、消火器、自動火災報知設備、避難誘導灯、防炎物品の使用である。そのほか、スプリンクラー、消防機関へ通報する火災報知設備、避難器具といったものもある。

　消防協議においては、現況の消防設備の設置状況のほか、用途変更に伴って居室内に新たに壁を作る、あるいは壁を取り払うなどのレイアウト変更が行われる場合には、レイアウト変更後の図面があるとよい。必要な消防設備のほか、設備工事と検査に関する届出、防火対象物の使用開始の届出、消防法令適合通知書の発行、防火管理者の選任と届出、消防計画の作成と届出等の実務上必要な手続の確認を行う。

　消防設備に関する協議について、規模の大きな用途変更となる場合は大規模な設備工事が必要となることもあるため、消防設備業者を巻き込んで実施する方がよい。

⑶　保健所

　保健所で行う協議は、旅館業の営業許可に関する本丸の協議である。協議先の名称は必ずしも保健所ではないが、本章では単に保健所と呼ぶこととする。保健所については、厚生労働省のWebサイトに「保健所管轄区域案内」というページがあるので、施設の所在地を管轄する機関や名称がどのようなものであるのか、事前に確認するとよい。保健所については、都道府県が設置するものと、地域保健法に基づき都道府県以外の地方公共団体が設置するものがある（⇒第2章の2の③の⑵）。都道府県以外の地方公共団体が設置する保健所である場合、当該地方公共団体が制定する旅館業法条例が制定されているため、法令調査を行う際に調査する条例を誤らないように気を付けたい。

107

保健所で行う協議は、旅館業の営業許可の要件である構造設備基準についてが中心となる。構造設備の基準は、旅館業法施行令で定められたもののほか、各地方公共団体が制定する条例で定められている。したがって、協議前であっても当該地方公共団体が求める構造設備基準は、ある程度確認することができる。協議の場においては、厳密には書かれていない、解釈ともいえる部分のすり合わせが中心になるであろう。例えば、「トイレには手洗設備を設置すること」という構造設備基準があった場合に、「手洗設備」といえるためにはトイレとは独立した構造で、ハンドソープ等の衛生設備を備えたものが必要なのか、いわゆるトイレのロータンクの上部に手洗用のノズルが備わっていて、当該ロータンクで手を洗うことができれば十分なのか、これは各地方公共団体の裁量の範囲内である。各地方公共団体で重視するポイントは異なり、一定の裁量もあるため、「あの地方公共団体はこうだったのに」というのはあまり面と向かって言わない方がよい。

　旅館業の営業許可は、施設の構造設備の基準を満たすかどうかが特に重要であるため、協議をする際には図面やレイアウト図等、施設の設備の詳細が分かる資料を持参する。建築設備や消防設備についても同様だが、設備が基準を満たさない場合、改めて工事を実施する工数や費用がかかってしまうため、二度手間三度手間にならないよう、丁寧かつ些細な部分にこだわりながら協議を進めていくのがよい。

⑷　その他行政機関

　建築・消防・旅館業のほか、旅館業施設の営業にあたって他の手続が必要になる場合は、それぞれ協議を行うことになる。公衆浴場、クリーニング、興行場、食品営業は旅館業と同じ保健所で担当していることが多い。ただし、担当者が異なったり、部署が異なったりする。プールや温泉も保健所で担当していることが多いが、地方公共団体によっては公衆衛生ではなく、水質汚濁や大気汚染、浄化槽といった環境系の部署で取り扱っていることがある。そのほかにも、必要な手続に応じ、地方公共団体ごとに部署や進め方が異なるため、根気のいる作業ではあるが、

第4章　旅館業営業許可の申請手続

一つひとつ地道に確認していくことが重要である。繰り返しになるが、この部分を面倒くさがって手を抜いた結果、必要な手続が漏れてしまい、その後のすべてがひっくり返ることさえある。建築物の工事を伴う許認可は後戻りができないことも多いため、そのことを肝に銘じて進めたい。

なお、事前協議は何かの手続を行うことを前提に実施することが多いが、所要の手続の実施が不要であることを確認するために行うこともある。

③　用途変更の確認申請

用途変更の確認申請は、一般的に建築士に依頼することになる。営業者が自ら行うということは、そう多くないであろう。確認申請後、申請図書の精査が行われ、変更後の用途の基準に適合している場合には確認済証が交付される。大規模な模様替えや増築工事が発生しない場合、用途変更の工事完了後に工事完了届を提出して、用途変更は完了となる。この場合、いわゆる検査済証は交付されない。旅館業の申請に際して、検査済証の提出が求められることがあるので、検査済証が交付されない用途変更の場合は、その旨を保健所担当者に伝える必要がある。

④　消防設備工事の着工届

消防設備の工事にあたっては、工事の着手10日前に工事整備対象設備等着工届の提出が必要となる。着工届の提出の対象となるのは、甲種消防設備士免状の交付を受けた者でなければ行ってはならない工事である（消防法第17条の14）。具体的には消防法施行令第36条の2第1項に規定された13の設備が、着工届の対象となる。地方公共団体の条例で、着工届の対象とならない設備についても、工事の着工前に届出を求めている場合があるので、条例の把握も怠ってはならない[63]。

63　例えば、東京都火災予防条例第58条の2に基づく消防用設備等（特殊消防用設備等）設置計画届出書の提出がある。

⑤　書面作成及び申請

　建築・消防とは別に、旅館業の申請に必要な書類の作成及び収集も必要となる。申請に必要な書類は地方公共団体により異なるが、おおむね、①申請書、②構造設備の概要、③構造設備を明らかにする図面、④法人申請の場合は定款及び登記事項証明書を求められる。建築の検査済証や、消防の検査済証、あるいは消防法令適合通知書の提出が求められることも多い。この場合、旅館業の申請の時点で、建設・消防の検査を完了させておく必要がある。申請書や構造設備の概要に記載する内容、提出が必要な図面の種類も、地方公共団体により異なるため事前協議の段階で必要書類や必要項目について、しっかりと把握しておく必要がある。旅館業法上の構造設備が明らかにされていればよいため、図面は必ずしも建築図面である必要はないが、建築図面を流用することも多い。

　意見照会の対象となる施設（⇒第2章の2の③の(4)）がある場合には、図面の提出部数が増える場合があるため、事前に確認をしておく。意見照会手続そのものは、保健所が行う手続のため、申請者側で特に行うことはない。意見照会に要する時間は、照会先にもよるが、1～2か月程度を見込むことが多いため、意見照会対象施設がある場合には、申請スケジュールに余裕を持っておくことが重要である。なお、旅館業の申請にあたって、周辺住民への事業計画を知らしめる方法として、住民説明会の実施、文書のポスティング、事業予定地への標識の掲示などを求めてくる地方公共団体もあるため、必要に応じて対応を行う。

　そのほか、旅館業の申請以外にも許認可申請や施設設置に関する届出等の行政手続が存在する場合には、それぞれ適切に対応する。行政手続は、事前申請・届出になっているものと、事後届出になっているものが存在するため、事前協議などでその整理を行い、申請に係るタイムラインを段取りしておくことが望ましい。

⑥　工事・竣工・検査

　建築・消防・保健所のいずれにおいても、竣工後に検査を伴うことが

第4章　旅館業営業許可の申請手続

多い。建築物の構造設備が絡む許認可については、旅館業だけでなく、建築や消防の完了検査を経た上で申請を受け付ける、あるいは審査を開始するという取り扱いをしているものも存在するため、どのような段取りで旅館業の営業許可を取得することになるのかは、事前協議の段階で整理をしておきたい。

　なお、筆者の経験値の中での話ではあるが、特別区では、旅館業の申請後に保健所から建築・消防へ旅館業の申請がなされた旨の通知が発出され、行政機関内部でそれぞれの検査状況等を共有していることが多いように思われる。したがって、旅館業の申請時には建築や消防の検査完了に関する書類の提出を求められることはないが、検査が完了しない場合には旅館業の営業が許可されない、という取り扱いをする保健所もある。

⑴　建築検査

　単純な用途変更の場合には、建築に係る検査は行われない。大規模な模様替えや、増築を伴う工事が行われる場合には、当該工事の内容に係る検査が行われる。検査が行われない場合には、工事完了届の提出で、用途変更対応は完了する。検査が行われる場合には、検査を経て、検査済証が交付される。

⑵　消防検査

　消防設備の工事が完了したときは、工事が完了した日から4日以内にその旨を届け出て、消防の検査を受ける必要がある（消防法第17条の3）。工事の内容によっては、所轄消防の判断により検査が省略される場合もあるが、原則、検査は行われる。当該検査で指摘事項が無ければ、検査済証が交付される。旅館業の申請に消防法令適合通知書を要する場合は、別途、消防法令適合通知書の交付を求めることになる。

　また、地方公共団体の条例により、防火対象物の使用開始前に、防火対象物の使用を開始する旨の届出を求めることもあるため、こちらも同様に対応をする[64]。

64　例えば、東京都火災予防条例第56条の2に基づく防火対象物使用開始届出書の提出がある。

⑶ 保健所検査

保健所の検査は、新築物件の場合には中間検査と完了検査の2回に分けられることが多いが、そうではない場合には、工事完了後の検査のみが行われる。どのような検査を実施するかは保健所により異なるが、申請時に提出した図面を踏まえて、構造設備が基準に適合しているかの確認が行われる。いわゆるベッドメイキングが必要か、必要な場合全室で必要なのか、検査の基準となる部屋にのみ必要なのか、といった点は保健所の裁量にゆだねられている部分のため、事前協議や申請時に確認をしておきたい。

保健所によっては、チェックイン・チェックアウトのオペレーション方法の確認や、宿泊者名簿の保管方法を確認することもある。特に、昨今は訪日旅行客の増加も相まって、当該訪日旅行客のパスポートの保管方法なども確認されることがあるため、構造設備の基準ではないが、営業者としての義務である宿泊者名簿の調製方法等についても、事前に整えておくようにしたい。

保健所検査で構造設備の内容に指摘事項があった場合、再度の検査になることもあるため、営業開始予定日が差し迫っているような場合には、再検査になることがないよう、申請時の構造設備の内容通りに工事等が行われているかを徹底的に確認しておきたい。

保健所が管轄する許認可で旅館業に関連するものとして、食品営業、公衆浴場、クリーニング所といったものがあるが、これらの検査が行われる場合は、部署や担当者が同一であれば、旅館業の検査と同時に行われることが多い。部署や担当者が別の場合は、旅館業の検査とは別に実施される。それは建築・消防の検査でも同じことがいえるため、検査日程の段取りも重要である。同一日の同一時間に複数の検査を入れた場合、検査を受ける側の人員が不足していると、検査担当者に対する対応が不十分になる可能性が考えられる。

第4章　旅館業営業許可の申請手続

⑦　許可

　各種の検査が完了し、特段の問題が無ければ、許可となる。意見照会対象施設への意見照会がある場合には、当該照会の回答結果を踏まえて許可となる。意見照会の回答結果により不許可になることは通常考えられないが、許可の条件として回答結果の内容が付されることはあり得る。

　旅館業の営業許可は永久許可のため、期限満了による更新はないが、申請時の内容に変更があった場合には、適宜に変更の届出が必要である。営業者に係る情報や、構造設備に変更がある場合などが該当する。また、営業者の相続・合併・分割・譲渡が発生する場合には、承継の承認を得て許可を得た営業者の地位を引き継ぐ必要がある。

　これらの方法によらない営業者そのものの変更がある場合には、たとえ、施設の構造設備に何らの変更が加えられないとしても、新たに許可を取り直す必要がある。また、地方公共団体により取り扱いは異なるが、構造設備の過半程度が変更になる、大規模な模様替えの場合には、新たに許可を取り直すことを求められることもある。その他、営業の種別を変更する場合にも、新たに許可を取り直す必要がある。

②　ケーススタディ１（都市型ホテル）

　本節以降は、前章及び前節までに触れてきた内容を踏まえて、ケーススタディとして３つの事案を想定しながら、旅館業の許可申請手続及び関連する手続の具体的な流れを解説する。もちろん、案件によって取るべき手順や内容は異なるため、ケーススタディとして示す内容が絶対の正解ではない。

　しかし、このケーススタディが旅館業の許可申請手続をする際のメルクマールとして読者の役に立てば幸いである。

113

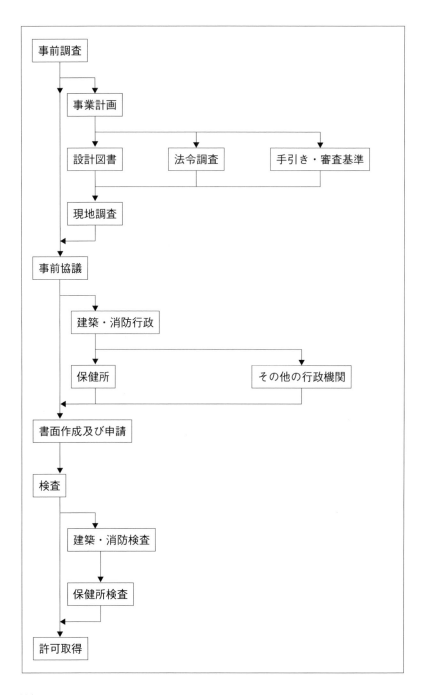

第4章　旅館業営業許可の申請手続

①　前提条件

　ケーススタディの１つ目は、都市型ホテルを想定している。具体的には東京都心部や大阪の梅田、福岡の博多といった都市部といわれるような場所で旅館業の許可を取得することを想定する。具体的な前提条件としては、以下の通りである。

- ㈠　施設所在地は、東京都の特別区内
- ㈡　都市計画区域内で、市街化区域
- ㈢　開発許可等が不要な開発行為で造成された建築物
- ㈣　自然公園、農地の指定はない
- ㈤　既存の共同住宅（地階なし、地上10階建て）を用途変更する
- ㈥　上水道、公共下水道が整備されている
- ㈦　宿泊者以外の利用を想定した大浴場の設置や、食品等の提供はしない

---

②　事前調査

⑴　事業計画

　調査に着手する前に、まずはどのような宿泊施設の運営をするかの計画をまとめる。提供するサービスの内容によって、必要となる許認可が異なるためだ。

⑵　設計図書

　事業計画をまとめたら、いよいよ事前調査に着手する。一定程度の建築規模で、かつ築年数も経過していない共同住宅であれば、建築当時の設計図書が残っている可能性は高い。建築当初の設計図書が残っていれば、そこから建築物の所在地（地番・住居表示）、敷地面積、建築面積、延べ面積といった建築物の概要を確認することができる可能性も高い。建築物の概要の中には、容積率の計算を記載しているものもあるだろう。容積率の計算の中で、共同住宅の共用部分を算定の基礎から除外しているようであれば、注意が必要である。現行の基準に照らし合わせて、用

途変更を前提として容積率を計算した際に、容積率の上限を超えてしまい用途変更できない可能性も考えられる。その場合は、用途変更をあきらめるか、減築して延べ面積を減少させる必要がある。

設計図書に用途地域や地区計画が記載されている場合であっても、それはあくまで設計当時のものであるため、過信してはならない。必ず、現行の規定や計画がどのようになっているか、調査時点の最新情報を確認する必要がある。

そのほか、建築時の検査済証が交付されているかどうかの確認も必要である。検査済証が交付されていない建築物は、用途変更をするためのハードルが格段に上がる。検査済証が現存していない場合でも、過去に交付されていた可能性があるため、この段階で検査済証が存在しなかったとしても、あきらめるのはまだ早い（⇒本章の1の①の(1)）。東京都の場合、建築物の建築年代や建築物の構造・規模によって、特別区で台帳記載事項証明書を取得するケースと、東京都で台帳記載事項証明書を取得するケースがある。

設計図書には、大きく分けると意匠図、設備図、構造図、外構図の4種類がある。この段階では、意匠図や設備図に目を通しておきたい。意匠図は、おもに間取りやデザインなどを記載した図面で、旅館業法上の各種の構造設備基準を満たしているかを確認するための参考資料となる。設備図は、建築物に設置する設備関係を記載した図面で、給排水関係や吸排気関係、場合によっては消防設備の設置状況を確認することができる。図面と現況は異なっていることも多いが、「あたり」をつける上で重要な資料となる。

⑶ 法令調査

行政との協議を実施する前に、可能な限り関係しそうな法令の調査を行う。具体的には、各地方公共団体が制定する旅館業法施行条例、施行細則は必須である。旅館業の許可の条件となる構造設備の基準は、条例に定められていることが多いため、協議をする前に許可の取得に向けてネックになりそうな部分などは、あたりをつけておく。地方公共団体に

よっては、旅館業の条例以外にも要綱などを定めて、住民説明会やポスティング等の事前周知を求めているものもある。また、旅館業に関連するものとして、いわゆるラブホテルに関する規制を定めているところもある[65]。このような規制がある場合は、ラブホテルに該当しないことが重要な要素になるため、該当する規制の調査もできる限り事前に行いたい。

　旅館業に関連する条例以外には、建築条例や消防条例についても目を通しておきたい。建築条例では、道路の接道義務に関する上乗せのほか、建築物の特定用途について、規制の上乗せなどが行われている場合がある。消防条例についても同様で、特定用途について基準を上乗せしたり、防火対象物の使用開始の届出のように条例で何らかの手続を定めていたりする場合がある。例えば、東京都火災予防条例では、旅館・ホテル等の宿泊所には、宿泊室の見やすい場所に避難経路図を掲出することを求めている。

　そのほか、事業内容に応じて、その時点で他の許認可や手続が必要になる見通しが立っている場合は、その規制についても確認をしておく。例えば、大浴場を設置して宿泊者以外にも入浴させる場合には公衆浴場の営業許可が必要になるし、食品の提供を行うのであれば食品営業の許可が必要になる。

　条例は、各地方公共団体のWebサイトで法規集・例規集にアクセスできるようになっていることがほとんどのため、そこから確認する。

⑷ 手引き・審査基準

　行政手続法では、行政庁は審査基準を定めることとされている（行政手続法第5条）。審査基準とは、申請により求められた許認可等をするかどうかをその法令の定めに従って判断するために必要とされる基準のことである。審査基準は、許認可の申請を行い、行政機関がその申請内

65　例えば、東京都渋谷区が制定している「渋谷区ラブホテル建築規制条例」や、福岡県福岡市が制定している「福岡市旅館等設置規制指導要綱」がある。

117

容を審査する際の拠り所となるため、可能な限り早い段階で審査基準を入手するようにする。審査基準は、行政のWebサイトで独立した基準として公表されている場合もあれば、手続の概要等を説明するために行政が作成した手引きの中に引用、抜粋されている場合もある。Webサイト上では公表されていないこともあるため、その場合は事前協議で窓口を訪問した際に請求することも可能である。筆者は、行政文書の開示請求を活用して審査基準の開示を求めることも多い。

　行政が作成する手引きには、注意が必要である。手引きが審査基準として指定されている場合もあるが、法令・審査基準の規定を引用しているほか、法的な根拠のない行政指導事項が幅を利かせていることもある。もちろん、行政指導には趣旨や目的があり、意味があり行われるものも多いため、そのような法的根拠のない行政指導が一概によくないものだというつもりはない。しかし、行政手続を理解する上では、手引きにはそうした事情もあるということを知っておいて損はないだろう。

⑸　現地調査

　調査を行う順番は、必ずしも本書に記載の手順で行う必要はないが、物件の所在場所に出向いて現況を把握することも行う。現地調査では、接道義務などを満たしているか確認するとともに、手元にある図面と現況が一致していないことも多いため、このあと行政協議を行うにあたってその差分を埋め、行政協議において正しい方向性に導くために細かいところまで注意を払って確認しておく。

　法令等の書面調査で旅館業の構造設備の基準を確認しているはずなので、施設の現況が当該構造設備基準に適合しているかどうか、というような観点で現地確認をすることになる。また、客室面積やフロント・ロビー等の面積を申請書に記載することが多いので、現地調査時に実測しておくとよい。設計図書に記載されている寸法は、水平投影面積で計算をする必要があるため、いわゆる壁芯による寸法となっている。しかし、旅館業の申請で使用する面積は、いわゆる内法による計算が必要となるため、必然的に図面上の寸法と実測値は異なることになる。

第4章　旅館業営業許可の申請手続

　なお、保健所によっては、客室の採光窓のガラス面の面積を申請書に記載させたり、検査時に計測したりするので、併せて現地調査時に計測しておくとよい。

③　事前協議

(1)　建築・消防協議

　10階建て程度の規模の共同住宅を用途変更する場合、用途変更の確認申請が発生し、かつ用途変更に伴う工事が発生することが一般的なため、建築基準法や消防法に関連する関係機関との協議については、初期の段階から建築士や消防設備業者を巻き込み、実施していく方がよい。レアケースではあるが、当初から宿泊施設に転用することを目的として、宿泊施設の基準で建築している場合がある。

　そのような場合で、かつ用途変更にあたって文字通り一切の工事を実施しないということであれば、自身で建築当時の設計図書を持参し、一切の工事を実施しない旨を伝えることで乗り切ることができるかもしれない。しかし、建築基準法令も、消防法令も改正頻度の高い法令であるため、建築当時の各種の基準で、現在もそのまま用途変更できるとは限らない。そうした事情もあるため、可能な限り初期の段階から、専門家の知見を活用することを、筆者は推奨する。

　協議の際には、通常、協議したい旨と協議の目的を伝えて事前にアポイントを取る。消防機関は、協議担当者が当日緊急出動することもあるため、そうなってしまった場合は出直すしかない。協議では、用途変更の手続に要するスケジュール感、消防設備工事や検査に要するスケジュール感、保健所との連携の有無等を確認しておくといい。

(2)　保健所協議

　保健所協議では、構造設備の基準、衛生確保に必要な措置、その他旅館業申請に必要な手続がある場合はその内容についての確認を行う。協議の時点で、施設の図面がない場合は基準の一般的な解説に終始することになってしまうため、個別具体的な協議を行うためにも、施設の構造

119

などが記載された図面を持参するべきである。

　協議の際は、建築や消防と同様に事前にアポイントを取る。保健所職員は実地検査に出ていることも多く、アポイント無しで出向いた結果担当者が誰もいない、ということはそう少ないことではない。

　旅館業のほか、公衆浴場、クリーニング、建築物衛生法に基づく特定建築物等は同一部署が所管していることがほとんどなので、アポイント時に関連法令の営業についても相談したい旨を伝えておけば、同一担当者が対応してくれたり、それぞれの担当者が同席してくれたりする。食品営業関係は、同一保健所内であっても別セクションが担当していることが多く、旅館業とは別にアポイントを取らなければならないことも多い。温泉やプールは、保健所管轄であったり、水質汚濁防止法等の環境法令を所管する行政機関管轄であったりするため、事前に確認をしておく。

(3)　その他協議

　都心部の10階建て程度の共同住宅を転用する場合は、前記(1)と(2)で協議が完了することも多い。公共下水道が整備されているため、水質汚濁防止法の届出や浄化槽の設置をすることもないだろう。しかし、2つほど気を付けておきたいものがある。1つは水道、もう1つは廃棄物の取扱いである。

　水道については、特別区内であれば、通常は東京都を水道事業者とする上水道を使用するであろう。そして、各家庭や事業所で使用する水栓は、上水道から直結して給水する方式であることが多いと思われる。もし、直結給水ではなく、貯水槽（受水槽）を設置して、貯水槽を経由して上水道を使用する場合には、貯水槽の規模に応じて簡易専用水道等の届出が必要になる場合がある。

　廃棄物については、旅館業施設から発生する廃棄物は、事業系廃棄物となる。事業系廃棄物は、事業者が自ら適正処理することになっている（廃棄物の処理及び清掃に関する法律（廃掃法）第3条第1項）。したがって、廃棄物を自ら処理施設に持ち込むか、廃掃法上の許可事業者に委

第4章　旅館業営業許可の申請手続

託をして、収集・運搬・処理してもらう必要がある。廃棄物に関する取扱いは地方公共団体により差もあるので、必要に応じて、調査・協議を行う。

④　書面作成・申請

　必要な手続の精査が完了し、旅館業許可等の取得をする上での課題が解決されれば、各種の行政機関に提出するための書類を作成することになる。用途変更の場合は、まずは用途変更の確認申請に必要な申請図書と、消防設備の設置工事に必要な書類の作成をする。建築士や消防設備業者に委託をしている場合は、それぞれ作成から申請対応までしてくれるのが一般的である。

　旅館業の申請は、建築や消防関連の工事が竣工しているかどうかとは関係なく進めていく。特に、意見照会対象施設がある場合には、照会先によっては回答が戻ってくるまでに1～2か月程度の時間を要することも少なくない。通常、意見照会の回答が戻ってこないと、保健所の検査で特に指摘事項がなかったとしても、旅館業営業の許可を出すための決裁が下りないことが多い。

　したがって、意見照会の回答スケジュールを想定した段取りが必要となる。旅館業の営業許可申請書類を提出する場合、その場で改めて提出書類の内容を精査されるため、おおむね1時間程度は窓口で確認のための時間を要する。事前協議のときと同じく、担当者が不在にしていることもあるので、事前のアポイントは必須である。

　関連する許認可申請がある場合も、基本的には同様に対応する。窓口に出向かなくとも、郵送やオンラインで申請・届出のできるものもあるので、事前調査や協議の段階で段取りを組んでおくとよい。

　本書は書類の作成方法について丁寧に解説する趣旨のものではないため、具体的な申請書類の書き方については取り上げない。地方公共団体によって申請書や構造設備の概要の記載方法は異なるため、不安であれば適宜行政担当者に確認をするか、行政文書の開示請求で、過去の申請

121

書類を開示してもらうとよい。そうすれば、書類に落とし込む情報とし
て具体的にどのようなものが必要なのか、方向性は自ずから見えてくる。
また、添付書類として図面を提出する場合は、提出図面と現況が一致し
ていることも重要である。この点については、次項で詳しく解説する。

⑤ 検査

(1) 建築・消防検査

　書類を提出し、特段の問題が無ければ各行政機関による現地検査とな
る。建築、消防、保健所といずれも異なる行政機関のため、検査日程は
それぞれの機関と別途調整することになる。

　建築については、大規模な模様替えや増築などがない場合、基本的に
は検査は行われない。検査が行われない場合は、用途変更に係る工事完
了届を提出することで、建築に関する対応は終了となる。検査済証が発
行されることはないので、保健所等から検査済証の提出を求められる場
合には、検査済証が発行されない旨を説明し、必要に応じて工事完了届
の写しを提出する。

　消防については、用途変更に伴い設備の追加工事などが行われたり、
レイアウト変更が行われたりするため、通常は検査が実施される。特別
区内の旅館業申請であれば、保健所から消防設備の検査済証の提出や、
消防法令適合通知書の提出を求められることはほぼないが、求められる
ことがあれば対応する。

(2) 保健所検査

　保健所の旅館業検査は、申請時に提出された図面通りになっているか
の確認が主である。その際、何をどこまで準備する必要があるかは、管
轄の保健所により異なる。例えば、客室のベッドメイキングについて、
全室完全なベッドメイキングを求めてくるところもあれば、検査対象と
なる客室のみベッドメイキングされていればよいということもある。い
ずれにせよ、申請書や図面に記載をした構造設備は漏れなく準備するこ
とが、スムーズな検査の実施においては肝要である。

また、構造設備基準ではなく衛生上の措置基準として定められていることの多い、施設の各部分について照度を計測することもある。照度不足が指摘されることは意外と多いので、検査の前に自主的に照度を計測しておくとよい。そのほか、現場には設置されているものの図面上には記載がないということもある。換気設備図面における換気扇など、図面の記載と現況が一致しているか、これも事前に確認しておくとよい。

意見照会施設である学校等が旅館業施設の周辺100m以内にある場合、当該学校等から旅館業施設の中が見通せないようになっていることを確認することもある。実際に保健所職員が学校等に立ち入って見通しの確認を行うため、同一の条件で事前に確認をすることは難しいかもしれないが、こちらもできる限りの事前準備はしておきたい。

昨今はICT機器を活用する方法によって、無人フロントや、そもそもフロントを設置しない施設も一般化しつつある。そのため、フロントオペレーションを詳細に確認する保健所も多い。どのようにチェックイン・アウト業務を行い、法令で定められた宿泊者名簿の作成を行うか、しっかりと説明できるようにしておく。フロントを設置しない条件として、10分以内の施設への駆け付けを求められることがある。駆け付け要員の待機場所から宿泊施設まで実際に10分以内かどうかを歩いて確かめる保健所もある。

検査の具体的な内容は各保健所によって異なるため、申請時にあらかじめ確認して、準備をするとよい。

今回のケースでは共同住宅の転用を想定している。そうした物件では、ビジネスモデルとしても公衆浴場や食品営業等のその他の許認可が必要になることはそう多くはないと思われるため、前提条件としても、それらの許認可を除外した。旅館業以外の許認可を受けるために検査が実施される場合には、適宜対応することになる。

③ ケーススタディ2（グランピング施設）

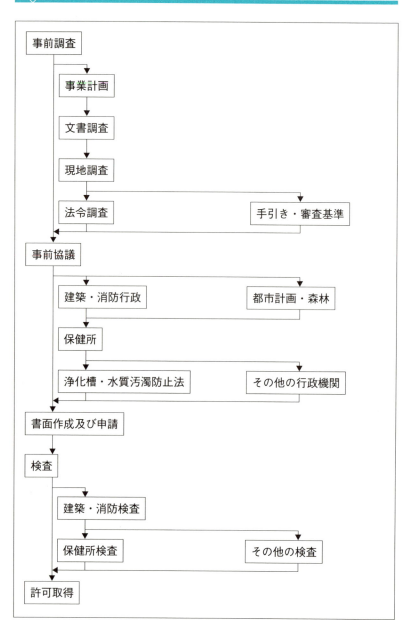

第4章　旅館業営業許可の申請手続

①　前提条件

　ケーススタディの2つ目は、グランピング施設を想定している。具体的には都市部から離れた郊外地域で、山林を購入し、新たに開拓を行い、グランピング施設として旅館業の許可を取得することを想定する。具体的な前提条件としては、以下の通りである。

・施設所在地は、都市計画区域にも準都市計画区域にも該当しない区域
・自然公園、農地の指定はない
・購入する山林の面積は、0.8ヘクタールの土地1筆
・客室は、母屋のほかにテントサイトを設け、テントを常設する
・上水道は整備されておらず、用水として井戸や沢水を利用する
・公共下水道も整備されておらず、排水は公共用水域に排出する
・キャンプ場を併設し、日帰り利用者のための食材販売や、日帰り入浴を行う
・入浴施設には、近隣の温泉源泉から引湯をする

---

②　事前調査

(1)　事業計画

　グランピングという言葉は、使い手によってさまざまな意味を持っており、その言葉だけでは具体性がない。おおむね、自然豊かなところに宿泊施設を設けて、より自然と近い距離でその環境を楽しむ、自然体験の要素のある宿泊施設のことをグランピングと表現しているのであろう。グランピングという言葉自体は、「グラマラス」と「キャンピング」を掛け合わせた造語である[66]。

　このようなふわっとしたところから、どのようなサービスを提供するかを具体化していくと、今回は前提条件で示したような内容となった。

---

[66]　一般社団法人日本グランピング協会、http://glamping.or.jp/about-glamping.html、令和6年7月13日確認

125

⑵ 文書調査

　ケース1では既存の物件を用途変更で転用するものだったため、建築当時の設計図書が存在していた。今回は、山林を購入し新たに開拓することになるため、当然ながら設計図書は存在せず、建築士等に依頼をして新たに図面を引くことになる。

　本ケースでは、これから山林を開拓し、活用することになる。山林は、往々にして隣接している土地との境界があいまいなことも多く、設計図書ではないが、そうした隣地との境界を確定することができる地図や測量図などの資料があるかを確認したい。また、土地に関する情報が不足していると、建築物の建築に致命的な影響を与える可能性があるため、まずはインターネット上で調べられる限り、都市計画に関する情報や自然公園に該当するかどうか、といった情報を収集する。必要に応じて、行政機関に電話で確認するといったことも行う。

　なお、本件は温泉の引湯をすることを想定しており、引湯の方法によっては道路占用許可の取得をしなければならないため、近隣の道路が国道なのか、都道府県道なのか、市町村道なのか、といったことも確認しておくとよい。

⑶ 現地調査

　書面資料の少ないものについては、早い段階で現地調査を行うとよい。もちろん、現段階ではただの山林なのだが、山林だと思っていたら実は原野だったとか、一部木々の伐採が行われていたとか、見てみないと分からない状況というのが多分にある。今回のケースであれば、購入対象となるおおよその山林の範囲、土地や山林の状況、周囲の道路の有無、近隣の温泉源泉からの引湯の想定ルートなどである。

　現地調査に加えて、必要に応じて、都市計画・自然公園・山林等を管轄する行政機関の窓口に出向いて、それぞれ都市計画や自然公園、森林に関する情報の収集をするとよい。

　例えば、都市計画であれば、当該場所が都市計画区域なのか、準都市計画区域、それらに該当しない場所なのか、都市計画区域内であれば市

街化区域なのか、市街化調整区域なのか。自然公園であれば、自然公園法上の国立公園・国定公園・都道府県立自然公園なのか、該当する場合にはどのような公園計画になっているのか、森林であれば、該当箇所は森林法上の地域森林計画に入っているのか、保安林に指定されていないのか、といったことである。

こうした情報は、法令に基づいて台帳や地図の作成と公表が義務付けられていることがある。例えば、森林について、市町村は一定事項を記載した地域森林計画の対象になっている民有林の一筆の土地ごとに林地台帳を作成し、公表することとされている（森林法第191条の４、第191条の５）。

まだまだこうした情報はインターネット上にオープンデータ化されておらず、自らの足で稼がないと得られないものも多いので、事前調査の部分は労力を惜しまないようにしたい。

⑷　法令調査

㈤　都市計画法

本ケースの場合、山林を購入してその開拓を行うということで、森林の伐採や土地の形質の変更を伴う可能性が高い。土地の形質の変更を伴う造成は都市計画法上の開発行為となり、その内容に応じて許可を必要とする場合がある。開発行為に係る許可については、不要とする場合が規定されており、今回は都市計画区域・準都市計画区域外にあたるため、１ヘクタール未満の開発であれば許可が不要である（都市計画法第29条第２項）。開発については、都市計画法以外に、地方公共団体の条例などで別の規制が行われていないかも確認する。

㈹　森林法

森林については、都市計画法とは別に、森林法においても開発行為を含めた各種の規制が行われている。

まず、地域森林計画の対象となっている民有林について、森林の土地の所有者となった場合には、その旨を所有者となった日から90日以内に市町村の長に届け出る必要がある（森林法第10条の７の２）。地域森林

127

計画とは、森林法第5条に基づいて都道府県知事が策定するものである。

　次に、森林が保安林に指定されている場合は、立木の伐採や開墾その他の土地の形質を変更する行為は許可を受けなければならない（森林法第34条第1項、第2項）。保安林におけるこれらの行為規制については、面積による制限は規定されていないため、開発の規模とは関係なく許可を受ける必要がある。保安林については、都道府県知事は保安林台帳を調製・保管し、台帳の閲覧を求められたときは正当な理由なくこれを拒んではならない（森林法第39条の2）。

　保安林に該当しない森林で、かつ、森林法第41条の規定により指定された保安施設地区の区域内、及び海岸法第3条の規定により指定された海岸保全区域内の森林にも該当しない、地域森林計画の対象となっている民有林については、開墾その他の土地の形質を変更する開発行為で、開発行為に係る土地の面積が原則として1ヘクタールを超える場合には、都道府県知事の許可を受ける必要がある（森林法第10条の2）。太陽光発電設備の設置を目的とする開発行為の場合は、その土地の面積が0.5ヘクタールを超える場合には許可が必要である。開発行為の許可が不要な場合であっても、地域森林計画の対象となる民有林の立木を伐採するには、事前に市町村の長に対して伐採及び伐採後の造林の届出が必要となり、伐採後の造林が完了したときは、届出書に記載した伐採及び伐採後の造林に係る森林の状況について、市町村の長に報告しなければならない（森林法第10条の8）。

　本ケースの場合は、開発規模が1ヘクタールを超えず、また太陽光発電設備を設置することもないため、事前の林地の開発許可を取得する必要はないが、開拓に当たって森林の一部を伐採することになるため、あらかじめ伐採及び伐採後の造林の届出を行い、造林の完了後にその状況を報告することになる。

(ハ)　その他法令

　そのほか、終末処理場を有していない公共用水域に排水を排出することになるため、浄化槽の設置が必要となる（浄化槽法第3条）。また、

第 4 章　旅館業営業許可の申請手続

旅館業許可を受けて営業する施設で、厨房施設（旅館業のために使用する台所）、洗濯施設（家庭用洗濯機を含む。）、入浴施設（客室付きの浴槽を含む。）、を設置する場合には、あらかじめ、水質汚濁防止法上の特定施設として届出が必要である（水質汚濁防止法第 5 条）。501 人槽以上の浄化槽を設置する場合についても、水質汚濁防止法による特定施設の届出が必要である。また、水質汚濁防止法施行令別表第 2 により指定された地域内の場合は、201 人槽～500 人槽の浄化槽についても、指定地域特定施設として水質汚濁防止法の届出が必要である。

　日帰り入浴の実施には公衆浴場法上の許可が必要であるし、食材の販売についてはその内容や販売方法に応じて食品衛生法上の営業許可が必要となる。隣接する源泉から引湯をする想定のため、温泉法に基づく温泉利用の許可についてもあらかじめ確認する。

⑸　手引き・審査基準

　ケース 1 と同じく、法令調査のほか、所管の行政機関が作成・公開している手引きや審査基準をあらかじめ入手できる場合は、それらも確認をする。

③　事前協議

⑴　建築・消防協議

　今回のケースでは、グランピング施設として常設のテントを設置する想定である。このテントには様々な種類のものがあるが、当該テントが建築基準法上の建築物に該当するか、該当しないかの判定が重要である。旅館業の営業許可にあたっては、当該施設が建築基準法上の建築物に該当するかしないかは影響を与えないが、仮に建築基準法上の建築物に該当する場合、テントも宿泊施設としての建築基準を満たさなければならなくなる。

　また、浄化槽を設置するにあたって、確認申請を要するかどうかについても確認をしておく。

　消防設備については、建築基準法上の建築物に該当するか否かとは関

129

係なく、消防法上の防火対象物に該当すれば各種の消防法上の義務を負うことになるので、こちらもテントの扱いについては管轄の消防機関と丁寧に協議をする。

テント以外の母屋については、一般的なホテル・旅館の新築と同様に確認申請や消防設備工事の準備を進めていくことになる。一般的には、建築士や消防設備業者を巻き込んで進めていくことになるだろう。

(2) 都市計画・森林協議

前項の(4)法令調査でみた通り、本件は都市計画法上の開発許可を要しない開発であり、森林法上の林地開発許可をも要しないものである。したがって、特段の事前協議をするものではないが、地方公共団体が制定する条例などによる規制がないともいえないため、まずは電話等で概要を説明し、必要に応じて協議を行うとよい。事前協議の結果、特段の手続がないということであれば、それはそれで意味のあることである。

(3) 保健所協議

(イ) 旅館業

旅館業で協議すべきことは基本的に変わらないが、常設するテントについては、通常、客室扱いとなるため、旅館業法上の客室の構造設備基準に適合するかどうかの確認を丁寧に行いたい。地方公共団体の条例により異なるが、客室は十分な採光を確保する必要が多いため、採光するための窓がないと構造設備基準を満たさないということも考えられる。

採光窓は一例であるが、そのほか、テント内に浴室やトイレ、洗面設備が設置されていない場合には、それぞれ共同浴場や共同トイレ、共同洗面設備を設置する必要がある。

(ロ) 公衆浴場

宿泊施設の宿泊者以外の者に対して、施設の大浴場等を利用させる行為は、公衆浴場法上の許可を必要とする。公衆浴場法の管轄は旅館業法と同じく環境衛生分野に属し、保健所が担当する。保健所にもよるが、同一担当者が旅館業と公衆浴場を担当してくれることも多いが、必ずしもそうではないので、事前協議のアポイントを取る段階で明確にそれぞ

第4章　旅館業営業許可の申請手続

れの相談をしたいことを共有しておくとよい。地域によっては、保健所が本庁舎と分庁舎に分かれていて、旅館業は本庁舎、公衆浴場は分庁舎というようなこともあるので、管轄についてもアポイントの段階でしっかりと確認しておくとよい。

　公衆浴場の許可についても、一定の構造設備の基準に適合していることが求められる。その基準は、旅館業の基準とは異なることも多いので、公衆浴場の許可の取得を検討する場合は、協議前にそれぞれの許可の基準の違いを把握しておくとよい。公衆浴場は、いわゆる一般的な大浴場のほか、サウナや岩盤浴のような施設でも許可取得の対象施設となるため、許可が必要かどうか判断できない場合には、その点についても協議をするとよい。

㈥　食品衛生法

　食品の販売・提供をする場合には、食品衛生法に基づく食品営業許可の取得を検討することになる。宿泊施設との関係では、一般的には施設内にレストランやカフェ、バーを設置して調理を行い、食品を提供するということが多いだろう。このような場合には当然、食品営業許可の取得のために準備をすることになるが、本ケースのようにキャンプ場（あるいはバーベキュー場）を併設して、日帰りキャンプ（日帰りバーベキュー）を受け入れる場合には、そのほかにも注意が必要になってくる。

　例えば、キャンプ・バーベキューで調理を行う場合には食材が必要である。これらの食材をすべて利用者に持ち込んでもらうのであれば、特に食品営業許可は必要としないであろう。しかし、顧客ニーズを満たそうと思うと、施設側で食材等を準備し、利用者は特段の準備をせずに利用できる「手ぶら」スタイルを検討する必要がある。そうなると、施設側で食材を調理、提供することになるため、食品営業許可の取得が必要となる。保健所により多少の判断の違いはあるだろうが、食材として肉類を提供し、余った食材の持ち帰りを認める場合には食肉販売業の営業許可が必要となる可能性が高い。同様に、魚介類を提供し、余った食材の持ち帰りを認める場合には魚介類販売業の営業許可を要する。また、

いわゆるジビエを売りとし、食肉の処理から行う場合には、食肉処理業の営業許可が必要である。取得するべき営業許可の種別に応じて、施設に求められる設備基準が異なるため、協議の時点で検討している営業方法は、漏れなく説明しておくべきである。

⑷　浄化槽・水質汚濁防止法協議

　終末処理場を有しない公共用水域に、し尿を含めた排水を排出する場合には、浄化槽の設置や、水質汚濁防止法上の届出が必要になる。浄化槽の設置にあたっては、設置の基準や設置後の清掃や点検について、浄化槽法で定めるほか、地方公共団体の要綱などで詳細を定めていることがあるため、詳細を確認する。浄化槽の設置に際して、建築基準法上の確認申請を必要とするものもあり、その場合に確認申請とは別に浄化槽の設置の届出を要するかについても確認をする。

　水質汚濁防止法については、浄化槽と同一の部署で管轄していることが多い。協議にあたっては、設置する施設の型式、構造、施設から排出される汚染水の量、汚染水の汚染状態（成分等）を事前に整理しておくとよい。水質汚濁防止法上の特定施設は、その設置の届出をしてから60日を経過した後でないと特定施設を設置することができないため（水質汚濁防止法第９条）、協議も早期に済ませておく方がよいが、いずれも汚水や雑排水の排出量が協議の内容に影響を与えるため、宿泊施設の規模や構造の大枠が固まってから協議を行った方がよい、という側面もある。

⑸　その他協議

　本ケースでは、隣接地にある源泉から引湯をし、温泉を利用することを想定している。温泉を公共の浴用又は飲用に供する場合にはあらかじめ許可を取得する必要があるため（温泉法第15条）、温泉法を所管する部署でも協議を行う。温泉法の所管は、地域により浄化槽や水質汚濁防止法のような環境分野を所管している部署が担当であったり、旅館業や公衆浴場と同じく衛生分野を所管している部署が担当であったりする。温泉を公共の浴用又は飲用に供する場合、温泉利用の許可だけでなく、

第4章　旅館業営業許可の申請手続

温泉の成分等を掲示する義務もあるため（温泉法第18条）、一連の必要な手続の流れを確認しておく。

　温泉を引湯で利用する場合、引湯管を設置する方法が一般的である。この引湯管を公道に埋設する場合、道路管理者から道路占用の許可を受ける必要があるため（道路法第32条）、公道に引湯管を埋設する、あるいは継続的に公道を使用する可能性がある場合には、道路管理者に対して、協議を行う。道路占用許可は、公道が市町村道、都道府県道、国道のいずれに該当するかによって、所管する部署が異なるため、対象となる公道がいずれに該当するかの特定も必要であろう。

　また、ケース1と同じく、施設から出る廃棄物については、事業系ごみとしての適正処理が必要になるため、必要に応じて協議等を行う。地方公共団体によっては、建築物の規模や用途等が一定のものに対して、廃棄物に関する計画書の作成と提出を求めることがある[67]。

④　書面作成・申請

　ケース1と比べて、必要になる申請も増えるため、施設の開業までをスムーズに進めるためには、事前の段取りを丁寧にしておく必要がある。本ケースで必要になると考えられる手続は、以下の通りである。確認申請に対応する検査の申請等は割愛した。

---

①建築確認申請、②消防設備の着工届、③旅館業営業許可申請、④公衆浴場営業許可申請、⑤食品営業許可申請、⑥温泉利用許可申請、⑦温泉成分等の掲示届、⑧道路占用許可申請、⑨森林の土地の所有者届、⑩伐採及び伐採後の造林の届出、⑪浄化槽設置届、⑫特定施設設置届（水質汚濁防止法）

　まず、森林の土地の所有者となった場合、90日以内にその旨を届け出

67　例えば、「静岡市一般廃棄物多量排出事業所減量化指導要綱」がある。

る必要があるため、売買等で所有権の移転登記が完了し次第、速やかに
⑨の届出を行う。所有権の移転手続は、実際には売買直後に行われると
も限らないので、手続時期については、柔軟に対応する。

　次に、事前手続のリードタイムが長いものとしては、⑩の届出がある。
これは、伐採に着手する90〜30日前に届出をすることとされている。こ
れについては、建築計画が固まり、建築確認申請を行い、確認済証が交
付されるタイミングで届出を行うとよいだろう。もちろん、確認申請前
でも、ある程度森林の伐採範囲が確定しているのであれば、伐採時期を
見越して早期に届出を行っても構わない。

　本ケースの手続の中では、⑫の届出も早期に対応をしたい。水質汚濁
防止法上の特定施設は、⑫の届出をしてから60日を経過した後でないと
設置することができない。本ケースでは、土地の伐採→基礎工事→躯体
工事という流れになるため、特定施設の設置に至るまである程度の期間
的猶予があると思われるが、建築の確認済証が交付された段階で、⑫の
届出も提出してしまいたい。また、⑪は浄化槽について建築確認を必要
とする場合は、法令上は提出を必要としないものである。仮に提出が必
要な場合は、型式認定を得ている浄化槽であれば10日前、そうでないも
のについては21日前までに届出が必要である。設置する浄化槽が決まっ
ているのであれば、⑫の届出と併せて提出してしまって差し支えない。

　③〜⑥、⑧の各許可申請についても、建築確認申請とともに申請内容
が固まっているのであれば、申請をして差し支えない。ただし、地方公
共団体によっては、許可の対象となる施設の建築・消防の検査済証や、
消防法令適合通知書の提出を求めてくる場合もあるので、その際は適宜、
申請時期を担当部署と調整する。また、食品営業の許可申請では、用水
として水道水以外を使用する場合には、水質検査を受けて、その検査証
を提出する必要があるため、その段取りもする必要がある。

　⑦の届出は、施設の竣工後に温泉の引湯を行った後で、温泉分析機関
に分析を依頼し、結果の通知を受けてから届出を行うことになる。この
届出は温泉成分の掲示を行う前に、あらかじめする必要があるため、施

第4章　旅館業営業許可の申請手続

設の竣工後速やかに対応を進めたい。

その他の手続としては、⑩の造林完了後の報告、⑪の浄化槽の使用開始後の報告がある。

⑤　検査

(1)　建築・消防検査

ケース1では建築検査を要しない用途変更であったが、今回は新築事案であるため、中間検査や完了検査を受ける必要がある。中間検査は、地方公共団体により対象となる建築物や工程が異なる。中間検査が必要な工事は、中間検査の申請をし、検査を受け、中間検査合格証を受けた後でなければ、後工程の工事をしてはならない。完了検査は、工事の完了後に完了検査の申請をし、検査を受け、建築基準関係規定に適合していることが認められれば、検査済証が交付される。

消防の検査については、ケース1と同様である。

(2)　保健所その他の検査

本ケースでは、旅館業、公衆浴場、食品営業の許可申請に伴い、検査が行われる。いずれについても、構造設備の基準を満たしているかどうかが基準となる点は、同じである。

旅館業の検査については、グランピング施設だからといって特に注意すべき点があるわけではない。あえて特筆する点があるとすれば、客室扱いとなるテントにトイレ・浴室・洗面設備が備わっていない場合は、それぞれ共同トイレ、共同浴室、共同洗面設備の設置が必要になるため、それらが正しく基準を満たしているかどうか、というところであろう。

浄化槽や水質汚濁防止法では、届出に際して必ずしも検査が行われるわけではない。しかし、これらを所管する部署が保健所である場合には、旅館業や公衆浴場の検査に際して届出通りの内容となっているかを確認することはあるので、検査前に、申請・届出通りに竣工しているかどうかをあらかじめ確かめておきたい。

今回のケースでは、ケース1とは異なり様々な手続が複合的に絡み合

135

うことになった。一見すると難しそうに見えるが、事前の調査を徹底的に行うこと、調査に基づいて事前の段取りを徹底することで、難題も確実に紐解くことができる。次のケーススタディ3では、さらに事案が複合化するが、意識すべきことは同じである。

④ ケーススタディ3（大規模リゾートホテル）

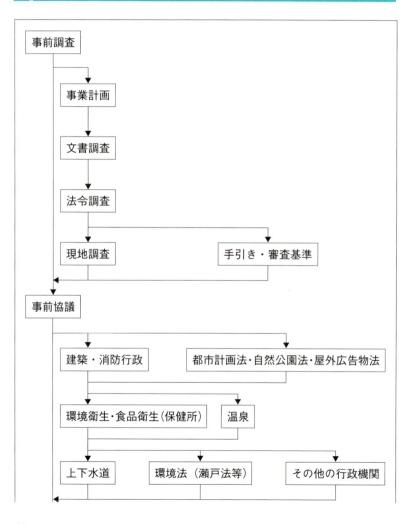

第4章　旅館業営業許可の申請手続

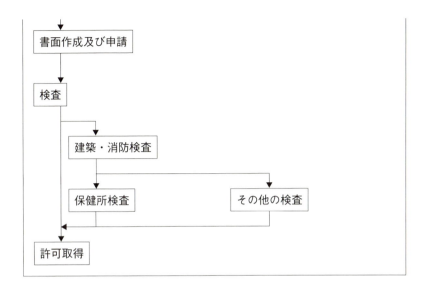

①　前提条件

　ケーススタディの3つ目は、大規模なリゾートホテルの開発を想定する。具体的な前提条件としては、以下の通りである。

- 既にリゾートホテルとして運営されていた敷地を買収し、既存の建築物を解体した上で、新たに施設の建設を行う
- 施設所在地は、香川にある都市計画区域内の非線引き区域で、国立公園の指定を受けている
- 森林、農地はない
- 上水道は整備されているが、井戸水をくみ上げて用水として併用する
- 公共下水道は整備されておらず、排水は公共用水域に排出する
- 施設内には大浴場、レストラン、バー、コインランドリー、プールを設置する
- 施設内には売店を設置し、地元の名産品や地酒の販売を行う
- 温泉の源泉を譲り受け、大浴場には温泉を引き、日帰り温泉を行

137

う

・給湯設備としてボイラーを設置する

・非常用電源設備として、ディーゼル発電機を設置する

・施設付近の国道沿いに、野立て看板を設置する

② 事前調査

(1) 事業計画

リゾートホテルとは、一般的には観光地や保養地等に設置される、海や山、湖沼等の自然環境に囲まれた宿泊施設のことを指す。ケース2のグランピングと同様に、その言葉自体は、許認可上何らかの意味を持つものではないので、具体的にどのような施設を設置するのか、どのように営業をしていくのかを詳細に落とし込んでいく必要がある。

本ケースに限った話ではないが、当初想定した事業計画が時間の経過とともに修正されることも多いため、計画の変更は適宜かつ随時に把握しておきたい。

(2) 文書調査

本ケースでは、ケース2と同様に新たに建築物を建築するため、建築物の設計図書は新たに調製することになる。

それ以外の文書調査としては、やはり都市計画や土地の指定状況などを確認する。まず、都市計画区域内の非線引き区域であることを含め、都市計画法上の区域区分や地域地区等を地方公共団体が公開している都市計画図などで確認をする。公開されていなければ、電話で問い合わせてもよいだろう。非線引き区域であっても、用途地域が指定されている場合はあるので、併せて確認をしておく。直近まで宿泊施設が営業していた場合であっても、用途地域の指定が変わっているということは十分考えられる。

本ケースでは、国立公園の指定を受けており、森林・農地ではないということになっているので、それらについても同様に確認をする。国立公園については、公園計画に基づいて、特別保護地区、特別地域、海域

公園地区に指定されている場合がある。これらのいずれかに指定されると、一定の行為に規制がかかるため、こうしたものについても事前に確認しておきたい。これらのいずれにも該当しない場合は普通地域と呼ばれる。

特別保護地区、特別地域、海域公園地区、普通地域のいずれであっても、国立公園の区域内で宿泊施設を営む場合は、事前に認可を受けることになる（自然公園法第10条第3項）。国定公園であっても、同様である（自然公園法第16条第3項）。

そのほか、設置予定であるボイラーや非常用電源設備の規格が分かる仕様書なども入手しておきたい。

(3) 法令調査

(イ) 環境衛生・食品衛生関係

まずは、ホテルの運営に際して必要になる営業の許認可関係を洗い出す。旅館業は当然であるが、本ケースは大浴場を日帰り温泉として宿泊者以外にも開放する予定のため、公衆浴場、食品営業についてもそれぞれの基準を確認しておく。バーで深夜0時以降も営業を続ける場合には、深夜酒類提供飲食店営業の届出を別途警察に提出する必要もあるため、その点にも注意する。本ケースでは、バーの深夜営業は行わないこととする。

そのほか、コインランドリーとプールの設置も想定している。クリーニング関係ではクリーニング業法があるが、コインランドリーを設置して宿泊者が自ら機器を操作する場合には、同法の適用はない[68]。それではコインランドリーは何らの規制もないのかというと、自治体によって要綱を定めている。名称としては、コインオペレーションクリーニングを冠していることが多い。コインランドリーに関する要綱が見つからない場合は、保健所との協議の際に確認をするとよい。プールも、プール

---

68 「クリーニング業法の疑義について（コイン・オペレーション・クリーニング機）」、昭和40年6月18日、環衛第5069号、厚生省環境衛生課長回答

そのものを規制する法律は存在しない。地方公共団体によって、条例を定めたり、要綱を定めたりしている。こちらも、事前に条例や要綱が見つからない場合は保健所等の協議の際に確認をするとよい。

㈹　都市計画・自然公園関係

　続いて、ホテルの建築に対する規制である都市計画法や自然公園法関係について洗い出す。都市計画法が想定しているのは、土地の区画形質の変更である。土地の区画形質の変更とは、例えば道路や水路を新たに設置したり廃止したりする、切土や盛土をすることで土地の造成を行う、宅地以外の土地を宅地にするといった行為を指す。本ケースでは、既にホテルが建設されていた土地を買収し、既存の建築物を解体してから新たにホテルを建築するものであるため、都市計画法上の土地の区画形質の変更には該当せず、開発許可等を要しない可能性は高い。ただし、都市計画区域内においてある程度の規模の物件を建築する場合には、条例による協議等の制限がある可能性もあるため、法律だけではなく条令まで意識して調査をする。

　国立公園内で宿泊事業を行う場合は、自然公園法上の宿舎事業という分類になり、事前の認可を要する。そのほか、特別区域、特別保護地区、海域公園地区のいずれかに指定されている場合は、当該区域地区内で一定の行為制限が設けられ、事前許可制となっている（自然公園法第20条第3号、第21条第3号、第22条第3号）。上記の地域地区のいずれにも該当しない普通地域の場合にも行為制限が設けられ、普通地域では事前届出制となっている（自然公園法第33条第1項）。どのような行為が規制の対象になるかについては各条文を参照していただきたいが、例えば看板のような広告物の掲出がその対象となっている。

㈥　温泉関係

　ケース2に続いて、温泉を引いて施設の大浴場で利用する。ケース2と違うのは、自家源泉であるということだろう。温泉については、温泉の掘削、採取、利用の各場面でそれぞれ許可等が必要である（⇒第3章の4の①）。

第4章　旅館業営業許可の申請手続

温泉の掘削に関する許可は、源泉の開発をするための工事についての許可である。したがって、既に掘削工事が終わっているものについては原則として考慮する必要はないであろう。ただし、温泉の湧出量を増やすために動力の装置を設置している場合には、源泉の譲り受けにあたって、所有者変更の手続しなければならないことがある。動力装置の所有者変更手続については、各地方公共団体が条例や規則、要綱で定めている可能性がある。

温泉の採取は、温泉採取の許可と可燃性天然ガスの濃度確認という2つの制度が存在する。採取対象の温泉について、可燃性天然ガスの濃度が一定基準以内であることの確認を受けた場合には、採取の許可を要しない。温泉法第14条の5に規定されている可燃性天然ガスの濃度確認を受けた者が当該確認を受けた温泉の採取の事業の全部を譲渡したときは、温泉採取の事業の全部を譲り受けた者は、確認を受けた者の地位を承継することができる（温泉法第14条の6）。しかし、温泉採取の許可を受けて温泉の採取の事業を行う者については、譲渡による承継制度は規定されていないため、譲り受けた者が新たに温泉採取の許可を取得する必要がある。

㈡　**上下水関係**

本ケースでは、既に上水道は整備されているものの、別途井戸水（地下水）をくみ上げて用水として利用する計画である。

ケース1では、簡易専用水道について言及をしたが、これは、市町村等が運営する水道事業の用に供する水道のみを水源として貯水槽を設ける場合に、その該当性を検討することになる。本ケースのように市町村等が運営する水道事業の用に供する水道以外の水源がある場合には、専用水道の該当性を検討する必要がある。専用水道とは、寄宿舎等における自家用の水道で、(i)100人を超える者にその居住に必要な水を供給するもの、(ii)水道施設の一日の最大供給量が、人の飲用等のために使用する水量について20㎥を超えるもののいずれかに該当するものをいう（水道法第3条第6項、同法施行令第1条第2項、同法施行規則第1条）。

141

専用水道の布設工事を新たにする場合には、確認を受けるための申請が必要である（水道法第32条、第33条第1項）。既に専用水道の布設工事の確認を受けている施設について譲り受ける場合には、一般的には申請書に記載した事項に変更があったということで、変更届等の書類の提出が必要になる（水道法第33条第3項）。

　排水関係では、前提条件に明記をしていないが、新たに浄化槽を設置する場合はケース2と同様である。既に浄化槽が設置されていて、当該浄化槽をそのまま利用する場合には、浄化槽管理者の変更に係る報告が必要となる（浄化槽法第10条の2第3項）。本ケースでは、既設浄化槽をそのまま利用することとする。

　排水関係についてはケース2と同様であると書いたが、水質汚濁防止法については、実は異なる手続が必要である。水質汚濁防止法には、特別法がいくつか定められており、本ケースはその特別法が適用されることになる。今回適用のある特別法は、瀬戸内海環境保全特別措置法という（以下、「瀬戸法」という）。法律名の通り、瀬戸内海の環境保全を目的とした法律である。同法では、瀬戸内海に隣接する府県を「関係府県」と定義し、関係府県内での汚水等の排出に対して一定の規制を定めるものである。本ケースでは、施設所在地を香川県とした。同法の関係府県とは、大阪府、京都府、兵庫県、奈良県、和歌山県、岡山県、広島県、山口県、徳島県、香川県、愛媛県、福岡県及び大分県を指す（瀬戸法第2条第2項、同法施行令第2条）。同法では、水質汚濁防止法上の特定施設を設置する場合には、事前の許可を必要としている（瀬戸法第5条第1項）。水質汚濁防止法では事前届出制であったが、瀬戸法では事前許可制としている。そして、瀬戸法第5条に基づいて特定施設を設置し、排出水を排出させる場合には、水質汚濁防止法の適用は除外されている（瀬戸法第12条）。したがって、本ケースでは、水質汚濁防止法ではなく瀬戸法に基づいた手続を必要とする点に、注意が必要である。なお、水質汚濁防止法の特別法としては、瀬戸法のほか、湖沼水質保全特別措置法がある。

第4章　旅館業営業許可の申請手続

㈣　酒税法

　本ケースでは、施設内に売店を設置し、そこで地酒の販売を行うことを想定している。酒類の販売には、酒類販売業免許が必要である（酒税法第9条）。酒類販売業免許には、最終消費者向けに販売することができる小売業免許と、酒税法上の免許事業者に販売することができる卸売業免許が存在するが、本ケースでは前者の免許取得が絶対条件となる。小売業の免許には、一般酒類小売業免許と通信販売酒類小売業免許の区分があるが、実店舗で販売するためには、前者の一般酒類小売業免許が必要である。

　なお、ここでいう酒類の販売とは、未開栓の酒類を物販として販売することである。飲食店で開栓済みの酒類を提供する行為は、食品営業許可の範疇となる。酒税法上の細かな解釈、運用については、国税庁が酒税法及び酒類行政関係法令等解釈通達を定めているため、当該通達も参照するとよい。

㈥　その他法令

　前提条件から読み取れる、あるいは想定できる関係法令として、ここでは大気汚染防止法、電気事業法、騒音規制法、振動規制法、屋外広告物法について取り上げる。

（ⅰ）　大気汚染防止法

　まず、給湯設備としてボイラーを設置することを想定する。ボイラーは、水や他の液体に熱を加えて、蒸気や温水を作る装置を指す。ボイラーの熱源としては火、ガス、電気がある。このボイラーのうち、熱源として電気又は廃熱のみを使用するものを除き、燃料の燃焼能力が重油換算1時間あたり50リットル以上である場合には、大気汚染防止法上のばい煙発生施設としてのボイラーに該当する（大気汚染防止法第2条第2項、同法施行令別表第1第1号）。ばい煙発生施設を設置しようとする場合は、事前の届出が必要となる（大気汚染防止法第6条）。このあたりは、水質汚濁防止法の特定施設の設置と類似の制度設計となっている。設置するボイラーが電気事業法上の電気工作物に該当する場合は、大気

143

汚染防止法は適用されない（大気汚染防止法第27条第1項）。

なお、大気汚染防止法の規制に該当しない場合であっても、地方公共団体が制定する公害防止条例の規制に該当する場合もあるので、併せて確認をしておく。

(ii) 電気事業法

電気事業法上の電気工作物とは、発電、蓄電、変電、送電若しくは配電又は電気の使用のために設置する機械、器具、ダム、水路、貯水池、電線路その他の工作物を指す（電気事業法第2条第1項第18号）。電気工作物を大別すると、一般用電気工作物と事業用電気工作物に分類でき、事業用電気工作物のうち、一定の送電や配電事業以外の用に供するものを自家用電気工作物という（電気事業法第38条）。

本ケースでは非常用発電設備として、ディーゼル発電機を設置する予定である。ディーゼル機関は、大気汚染防止法上のばい煙発生施設にも該当し得るが（大気汚染防止法施行令別表第1第30号）、発電のための設備であるため、電気工作物にも該当する。ホテル等の宿泊施設で、施設の営業のために設置するものであるから、これらの電気工作物は自家用電気工作物に該当する。大気汚染防止法のところでも解説した通り、電気事業法上の電気工作物に該当する場合は、大気汚染防止法の適用除外となる。

自家用電気工作物を含む事業用電気工作物を設置する場合は、保安規程の制定と届出、主任技術者の選任と届出を要する（電気事業法第42条、第43条）。また、設置予定の電気工作物が大気汚染防止法上のばい煙発生施設にも該当する場合には、その設置の工事計画を事前に届け出る必要がある（電気事業法第48条）。

(iii) 騒音規制法・振動規制法

水質汚濁防止法、大気汚染防止法とともに環境関連施設に対する規制をする法律として、騒音規制法、振動規制法がある。騒音規制法は、著しい騒音が発生する施設であって同法施行令別表第一に定めるものを特定施設として定義し、都道府県知事が指定する地域内で特定施設を設置

する場合にはあらかじめ届出を必要とするものである。振動規制法も、騒音が振動に入れ替わるだけで、法令の構造としては同じである。

　本ケースでは直接の言及はないが、定格出力が7.5キロワット以上の空気圧縮機、送風機、圧縮機を設置する場合には、騒音規制法・振動規制法に基づく届出が必要になる場合がある。また、法律に基づく指定地域に含まれていない場合であっても、各地方公共団体が制定する公害防止条例に基づいて騒音・振動発生施設としての届出が必要なこともある。

　例えば、ビーチリゾートに隣接するリゾートホテルで、海水浴を楽しんできた宿泊者向けに、施設の入口にエアーコンプレッサー（空気圧縮機）を設置して体についた砂を落とさせるようなことを想定する場合には、騒音規制法や振動規制法の適用について検討する必要が出てくる。

(iv)　屋外広告物法

　本ケースでは、国道沿いに野立て看板を設置することを検討している。常時又は一定の期間継続して屋外で公衆に表示される看板類は、屋外広告物法上の屋外広告物に該当する。

　屋外広告物に関する規制は、実際には屋外広告物法ではなく、同法に基づいて地方公共団体が制定する屋外広告物条例によって規制される（屋外広告物法第4条）。屋外広告物の設置は、通常、事前許可制を取っている。

　屋外広告物が道路の上空を含む道路上に設置される場合には、屋外広告物の許可とは別に、道路占用許可も必要となる。また、国立公園の区域内に広告物が設置される場合は、国立公園の区域の分類により、事前の許可申請又は届出が必要である。

(4)　現地調査、手引き・審査基準

　現地調査や、手引き・審査基準については、前の2つのケースと考え方は同様である。

　現地調査については、特に書面や法令調査では確認ができない都市計画図や自然公園の区域、場合によっては騒音規制法と振動規制法の指定地域についても確認が必要であろう。

③ 事前協議

(1) 建築・消防協議

　本ケースのような規模の建築物であれば、当初から建築士が関与していることが前提になっているので、特段、リゾートホテルだからと注意すべき点があるわけではない。ただし、自然公園法上の指定区域内にある場合は、建物の外観等については景観への配慮から、配色や装飾といったものに制限がかけられることが多いため、意匠設計については注意が必要である。

(2) 都市計画法・自然公園法・屋外広告物法

　都市計画法については、本節②の(3)の(ロ)でも触れたように、本ケースでは都市計画法上の土地の区画形質の変更には該当せず、開発許可等を要しない可能性は高い。とはいえ、規模の大きな再開発案件であるので、開発許可を含めた手続を要しないことを確認するために、協議を行う価値はあるかと思われる。まずは電話で経緯や概要などを伝え、相手方の求めに応じて、図面や事業計画書を持参して協議を行うとよい。

　自然公園法については、本ケースでは国立公園のため、環境省が所管している。国定公園の場合は、都道府県が所管する。国立公園は、公園ごとに所管している事務所等が異なるため、環境省のWebサイトで随時確認をするとよい[69]。香川県内の国立公園ということで、瀬戸内海国立公園を想定している。瀬戸内海国立公園は、近畿・中国・四国・九州の2府9県にまたがる巨大な国立公園であるが、同国立公園の香川県地域は、高松自然保護官事務所が所管している。国立公園内で宿泊施設の運営を行うためには、公園事業の執行認可を受ける必要があるが、その認可を受けるための協議に当たっては、建物の外観や構造設備、宿泊施設の運営方法（直営／受託等）、資金計画などを資料としてまとめておくとよい。また、自然公園法上の行為規制に該当する行為を行う場合には、その点についても併せて協議を行う。広告物の掲出などは、この行

　69　環境省 国立公園 事務所等一覧、https://www.env.go.jp/park/office.html、
　　　令和6年7月21日確認

第4章　旅館業営業許可の申請手続

為規制に該当する。

　広告物規制は、自然公園法に基づくものと屋外広告物法（条例）に基づくものがある。前者は、自然公園の認可申請を所管する自然保護官事務所で協議することになるが、後者は都道府県や市区町村等の屋外広告物条例を所管する地方公共団体と協議をすることになる。

⑶　環境衛生・食品衛生・温泉関係

　協議する内容として特筆すべきものはないが、規模の大きい再開発の場合は、中間検査などが行われることもあるため、スケジュールの調整・共有はしっかりとしておきたい。

　環境衛生のうち、旅館・公衆浴場・コインランドリーは同一の保健所で所管をしていることが多い。プールと温泉も保健所で所管しているケースが多いが、水質汚濁防止法等の環境分野を所管している部署での協議となることもある。また、温泉のうち採取の許可については保健所ではなく都道府県の本庁で所管しているというケースもあるため、事前協議のアポイントを取る段階で、所管の整理もしておきたい。

⑷　上下水道関係

　本ケースでは、専用水道と浄化槽について規制対象になる可能性がある。どちらも、保健所が所管していることもあるが、地方公共団体によりその様相は大きく異なるため、事前に所管の確認をしておく。専用水道等の上水道関係は、水道局のような専門部署が所管していることも多い。浄化槽は、後述する環境関連部署で所管していることも多い。

　専用水道の協議にあたっては、水源の水量の概算や、水質検査を既に受けていればその結果、浄水方法、水道設備の概要や図面等、水道法第33条第4項及び水道法施行規則第53条に規定された事項が分かる書面を準備しておくとよい。

⑸　瀬戸法・大気汚染防止法・騒音規制法・振動規制法・電気事業法

　瀬戸法（水濁法）や大気汚染防止法は、都道府県の環境関連部署で所管をしていることが多い。ただし、施設の設置地域によって本庁で対応していたり、出先機関で対応していたりするので、事前に確認が必要で

147

ある。

瀬戸法は設置する特定施設から排出される有害物質の種類や、施設・配管等の構造が分かる資料を準備する。

大気汚染防止法は、本ケースではばい煙発生施設を設置する想定のため、ばい煙発生施設の構造、排出されるばい煙の量や成分状況、ばい煙の処理方法などを取りまとめておく。

騒音及び振動に係る特定施設は、市町村が所管していることが多い。特定施設の種類や構造、発生する騒音等のデシベル数などを資料としてまとめておくとよい。

電気事業法は、経済産業省の下部組織である産業保安監督部が所管している。一般的には、その地域を管轄する電気保安協会に点検や保安作業を委託することが多く、協議なども当該電気保安協会が対応してくれることがある。施設に設置する設備が電気工作物に該当する場合は、当該電気工作物の仕様や構造が分かる資料、電気工作物がばい煙発生施設等の環境関連施設に該当する場合は大気汚染防止法や騒音規制法等の協議で準備した資料と同一の内容を併せて準備するとよい。

(6) その他協議

酒税法に基づく酒類販売小売業の免許は、施設の所在地を管轄する税務署が担当窓口となる。ただし、酒類に関する相談に対して専門的に対応する酒類指導官は、すべての税務署に配置されているわけではない。基幹となる税務署に配置され、随時各税務署を巡回する形をとっている。したがって、事前協議をする場合は、担当酒類指導官が巡回をする日を確認し、調整することになる。

一般酒類小売業免許は、酒場、旅館、料理店等酒類を取り扱う接客業者に対しては、国税局長において免許を付与等することについて支障がないと認めた場合を除き、当面の間、原則として免許を付与しないこととされている[70]。したがって、ホテル内の売店であっても原則としては

70　酒税法及び酒類行政関係法令等解釈通達、第10条、第11号関係、3　一般酒類小売業免許の需給調整要件、(2)

第4章　旅館業営業許可の申請手続

免許は付与されないことになるが、通常の一般酒類小売業免許で求められる要件のほか、販売場と他の部分との区画、専用のレジスター等の決済端末の設置、飲食店や料飲部門と販売部門の仕入及び在庫保管場所の明確な区画、専業従業者の配置といった条件を満たすことで、免許を受けることが可能となる。これらの条件を満たしていることが明らかであれば事前協議は必要ないが、条件を満たしているかが明らかではない場合には、あらかじめ、図面等を持参して協議を行うとよい。

④　書面作成・申請

　本ケースでは、ケース1・ケース2と比べて、必要になる手続が増えるため、施設の開業までの工程管理を慎重にする必要がある。本ケースで最低限必要になると考えられる手続は、以下の通りである。確認申請に対応する検査の申請等は割愛した。

---

①建築確認申請、②消防設備の着工届、③国立公園事業執行認可申請、④旅館業営業許可申請、⑤公衆浴場営業許可申請、⑥食品営業許可申請、⑦温泉採取許可申請（又は可燃性天然ガスの濃度確認地位承継届）、⑧温泉利用許可申請、⑨温泉成分等の掲示届、⑩酒類販売業免許申請、⑪専用水道布設工事確認申請、⑫浄化槽管理者変更報告、⑬特定施設設置許可申請（瀬戸法）、⑭ばい煙発生施設設置届（大気汚染防止法）、⑮工事計画届（電気事業法）、⑯屋外広告物許可申請（屋外広告物条例）

　上記のほか、事業内容等や地方公共団体の条例等によって追加で対応が必要なものについては、以下の通りである。

(a)コインオペレーションクリーニング開設届、(b)プール開設届、(c)広告物の設置等許可申請（又は広告物行為届／自然公園法）、(d)特定施設設置届（騒音規制法、振動規制法）、(e)ばい煙発生施設設置

149

届（電気事業法）、(f)食品営業届

　(a)、(b)については、地方公共団体ごとに条例や要綱が定められていなければ、手続としては不要である。地方公共団体にもよるが、基本的には事前届出である。

　(c)の許可申請は、国立公園の特別地域、特別保護地区、海域公園地区のいずれかで広告物を設置する場合に必要なものであり、行為届は普通地域で広告物を設置する場合に必要なものである。いずれも事前申請・届出である。

　(d)、(e)は、対象となる特定施設を設置する場合に必要な事前届出である。

　(f)は、食品営業許可の不要な食品営業行為がある場合には必要となるもので、本ケースでは、例えば売店で包装食品等の既製品を販売するような場合に必要な事前届出である。

　さて、本流となる①～⑮の手続については、⑦の可燃性天然ガスの濃度確認地位承継届と⑨、⑫以外は、すべて事前の手続となる。このうち、⑬は施設の着工までに許可を得る必要があり、⑭は施設の着工60日前までに届け出る必要があり、⑮は施設の着工30日前までに届け出る必要がある。したがって、これらの手続は早々に進めておきたい。さもないと、確認申請を終え確認済証の交付を受けたとしても、工事着工まで待たねばならなくなる。⑪も着工前までに確認を受ける必要があるが、おおむね標準処理期間として30日程度の期間を要することが多いため、着工予定の30日よりも前を目安に申請をしておくとよい。その他の事前申請が必要なものについても、準備が整い次第早々に申請をしてしまいたい。

　⑦の可燃性天然ガスの濃度確認地位承継届については、地位の承継があった後、遅滞なくその旨を届け出る必要がある。本ケースでは、温泉の源泉に係る土地を譲り受けた後に、各種の手続とは関係なく届け出ることになる。また、浄化槽の施設を譲り受け、新たに浄化槽管理者となった者は、30日以内にその旨を報告する必要がある（浄化槽法第10条の

150

第4章　旅館業営業許可の申請手続

2第3項)。こちらも、可燃性天然ガスの濃度確認地位承継届とともに、各種の手続とは関係なく届け出る必要がある。

　なお、専用水道は、給水開始前に給水開始届出の提出が必要である。また、電気事業法の規定に基づき、保安規程を定めて、事業用電気工作物の使用開始前までに届け出る必要がある。

⑤　検査

　検査については、ケース1・ケース2を参照のこと。

　ケース3では、大型のリゾートホテル開発を意識して、様々な手続が複合的に絡み合うものとなった。都市計画法上の開発許可を要する場合には、さらに事前に開発許可のための各種行政機関との調整なども必要となり、より複雑になっていく。

　しかし、どれだけ複雑で難解になったとしても、やるべきことは変わらない。徹底的に書面・法令等の事前調査を行い、調査結果や事業計画を基にした行政との協議などを積み上げていけば、自ずと紐解けていくものである。おそらく、どれだけ手続を重ねても知らないことが出てくるだろう。大事なことは、知らないことや分からないことをそのままにしない、懸念点や違和感があれば、自分なりに調べ尽くした上で、速やかに行政機関などに質問する、といった姿勢である。

　繰り返しになるが、宿泊施設の開業に伴う行政手続は、案件ごとに異なる。本書に記載したケースがそのまま出てくるということはそう多くはないだろうが、少しでも考え方をくみ取って、活用していただければと思う。

151

コラム

旅館業の経営手法〜所有・経営・運営

　旅館業は、宿泊事業である。当たり前のことを言っているように思えるかもしれないが、宿泊事業とは何なのか、そして宿泊事業を経営するとはどういうことなのか、ということについて、このコラムでは取り上げてみたい。

　宿泊事業とは、施設を設けて、人を宿泊させるビジネスモデルを指す。では、利用者は、ただ施設に泊まることができれば、満足するのであろうか。

　宿泊施設は、公衆衛生的な見地で法律による規制が行われているが、観光拠点という側面も有している。つまり、サービス業である。宿泊者は、清潔感のある心地よい空間、広々とした大浴場、魅力ある朝食ビュッフェ、ホテリエのホスピタリティといった、ただ寝泊まりすること以外にも何らかの期待をして宿泊施設を利用することがある。世界的に有名なハイブランドホテルに泊まることに価値を見出す場合もあるだろう。サービス業という側面においては、宿泊施設としての付加価値を高めて、利用者から選ばれる施設づくりを目指すことになる。

　一方で、宿泊施設を運営するためには、土地と建物が必要になる。これらの不動産を投資対象にするファンドも存在する。このような観点では、宿泊事業は不動産業としての側面も有する。ただし、宿泊施設の建物自体は、新築時点が最も資産価値が高く、経年により建物は老朽化し、資産価値は減少していく。また、宿泊事業は、施設の客室数が最大在庫数となり、宿泊利用の無かった空室を翌日に持ち越すことはできない。そのため、宿泊施設を投資対象として考える場合、1日当たりの客室稼働率を最大化し、利益率を高めていくことが関心事項となる。

　第1章では、ホテルの運営形態として所有・経営の分離が進んでいることに言及した。ここでいう所有とは、宿泊事業の根幹をなす、土地と建物を所有することである。そして経営とは、ここでは事業の遂行に必要な人的資源や金銭的資源を投下する、事業主体のことを指す。もう少し具体化すると、経営とは、事業収支の最終的な責任を持つ主体のことである。さらに細分化して、ホテルブランドの提供や、ホテルの支配人や部門責任者の派遣を通じて、実務オペレーションのノウハウを提供する運営という概念も存在する。要するに、不動産のオーナーと、経営責任を持つ事業主体と、宿泊施設のオペレーションノウハウを提供する者が存在するのが、宿泊事業の特徴である。

第4章　旅館業営業許可の申請手続

　たとえば、ある有名ホテルブランドを展開するA社のブランド名を冠しているホテルが複数あっても、甲という施設のオーナーはB社、経営責任を持つ事業主体はC社、乙という施設のオーナーはD社、経営責任を持つ事業主体はE社ということがあり得る。同じブランド名のホテルであるにもかかわらず、である。また、A社ブランドである甲ホテルの経営責任を持つC社が、別のF社ブランドである丙ホテルの経営責任を持つこともある（表1）。

表1　宿泊施設の所有・経営・運営の分離の一例

	不動産所有	経営責任	ブランド提供
甲ホテル	B社	C社	A社
乙ホテル	D社	E社	A社
丙ホテル	D社	C社	F社

　従来、日本国内での宿泊施設の経営は所有直営方式といって、不動産の所有者がそのまま宿泊施設の事業主体となることが一般的であった。現在でも所有直営方式の宿泊施設は多いが、所有・経営を分離している宿泊施設も珍しいものではなくなっている。所有・経営の分離は、旅館よりもホテルで多く取り入れられている。所有・経営の分離を取り入れているのは、いわゆる外資系のホテルに多いが、星野リゾート等の国内企業でも、所有・経営の分離を取り入れている。

　所有直営方式のメリットは、迅速な経営判断が可能なことである。また、宿泊事業の経営者が不動産所有者でもあるため、金融機関からの融資を引き出しやすいという点もメリットとして挙げられる。一方で、所有直営方式は、不動産を所有して自ら経営を行うため、宿泊事業に参入するためには大きな資本投下を伴う。資金力が無ければ宿泊事業に参入することができないというのが、所有直営方式の最たるデメリットと言えるであろう。

　所有・経営・運営を分離させるメリットも当然ある。所有直営方式のデメリットでもあった大きな資本投下の必要性について、経営・運営を担う事業者は、宿泊事業を行うにあたって最も負担の重い不動産を所有する必要がないため、事業への参入が容易になる。また、事業への参入だけでなく、営業施設数を増やし、事業規模を拡大することも容易になるであろう。不動産のオーナー自身も、宿泊施設の経営のノウハウが無かったとしても不動産の賃貸やマネジメント契約を締結することで、自社が経営を行わなくとも利益を得ることができる。

153

旅館業の経営手法についてはまだまだ研究途上の分野であるが、ざっくりと、次のような分類が可能である（表2）。

表2　宿泊施設の経営手法の分類

運営手法	不動産所有	経営責任	ブランド提供
所有直営	X社	X社	X社
リース契約 マネジメント契約	X社	Y社	Y社
フランチャイズ	X社	Y社	Z社

実際には、このとおりきれいに分類できるわけではなく、各社の結ぶ契約内容に応じて誰がどこまでの責任を負うのかはグラデーションになっている。

このように、必ずしも不動産の所有者が宿泊事業の経営を担っているわけではない、ということは覚えておいて損はない。

― 〈参考〉―
① 　田尾桂子、「グローバルオペレーターが変えるホテル経営」、白桃書房、2016年
② 　仲谷秀一・テイラー雅子・中村光信、「ホテル・ビジネス・ブック〈第2版〉」、中央経済社、2016年
③ 　徳江順一郎、「ホテル経営概論（第2版）」、同文舘出版、2019年

第5章

許可取得後の手続等

第5章　許可取得後の手続等

　旅館業の営業許可は、すでに解説した通り永久許可であり、営業許可の更新制度は存在しない。しかし、許可を取ればそれでもう終わりかというとそうでもなく、営業許可の取得後も一定の規制の下に置かれる。

　本章では、そうした営業許可取得後にフォーカスを当てることとする。

◁1▷　許可事項の変更等

　本節では、営業許可を取得した後に、許可事項について何らかの変更が発生した場合の行政手続について取り上げる。

①　法令上の規定

　旅館業においては、申請書に記載した事項に変更があったときには、10日以内にその旨を都道府県知事に届け出ることとしている（旅館業法施行規則第4条）。変更の届出対象となる事項は、営業許可申請書及び相続・合併・分割・譲渡による承継承認申請書に記載した事項で、営業許可申請書に記載する旅館業の営業の種別は除かれる。各申請書に記載する事項は以下の通りである。

---

①　営業許可申請書（旅館業法施行規則第1条）

　(イ)　申請者の住所、氏名及び生年月日（法人の場合は、その名称、事務所所在地、代表者の氏名及び定款又は寄附行為の写し）

　(ロ)　営業施設の名称及び所在地

　(ハ)　営業の種別

　(ニ)　営業施設が旅館業法施行規則第5条第1項（季節的に利用される施設等）に該当するときは、その旨

　(ホ)　営業施設の構造設備の概要

　(ヘ)　旅館業法第3条第2項各号（欠格事由）に該当することの有無及び該当するときは、その内容

②　譲渡承継承認申請書（旅館業法施行規則第1条の3）

157

㋑　譲受人の住所、氏名及び生年月日（法人の場合は、その名称、事務所所在地及び代表者の氏名）

　㋺　譲渡人の住所及び氏名（法人の場合は、その名称、事務所所在地及び代表者の氏名）

　㋩　譲渡の予定年月日

　㋥　営業施設の名称及び所在地

　㋭　旅館業法第3条第2項各号（欠格事由）に該当することの有無及び該当するときは、その内容

③　合併・分割承継承認申請書（旅館業法施行規則第2条）

　㋑　合併により消滅する法人又は分割前の法人及び合併後存続する法人若しくは合併により設立される法人又は分割により旅館業を承継する法人の名称、事務所所在地及び代表者の氏名

　㋺　合併又は分割の予定年月日

　㋩　営業施設の名称及び所在地

　㋥　旅館業法第3条第2項各号（欠格事由）に該当することの有無及び該当するときは、その内容

④　相続承継承認申請書（旅館業法施行規則第3条）

　㋑　申請者の住所、氏名及び生年月日並びに被相続人との続柄

　㋺　被相続人の氏名及び住所

　㋩　相続開始の年月日

　㋥　営業施設の名称及び所在地

　㋭　旅館業法第3条第2項各号（欠格事由。第7号を除く）に該当することの有無及び該当するときは、その内容

　申請書に記載すべき法定項目は上記の通りだが、申請書の様式は旅館業法では定められておらず、各地方公共団体の条例・規則により定められている。そして、変更の届出対象となる事項は「申請書に記載した事項」のため、地方公共団体により、当該届出対象が異なる可能性がある。

　例えば、富山県は旅館業許可の申請書様式に、「営業施設の所有者の

第5章　許可取得後の手続等

住所・氏名」、「営業施設の敷地の所有者の住所・氏名」という項目があるため、当該事項に変更が生じた場合は、届出対象となる。また、「施設の構造設備の概要」についても、各地方公共団体で記載させる内容が異なるため、実際の届出対象となる事項については、各地方公共団体別に確認が必要である。

②　事業者情報に関する変更

　一般的な変更届出の対象事項のうち、申請者である個人の氏名・住所、法人の名称・所在地や、施設の名称変更については、変更完了後に届出をすればよい。当該事項の変更には、変更内容を証する住民票の写しや登記事項証明書の提出が必要になることが多い。

　営業者そのものが別の主体に変わる場合には、原則として、改めて新規で許可を取得する必要がある。ただし、相続・合併・分割・譲渡による営業主体の変更の場合には、承継制度が用意されている。

③　構造設備に関する変更

　一般的な変更届出の対象事項のうち、構造設備に関する事項の変更については、事前に管轄の行政機関での相談を要することが多い。特に、水回りや客室内のレイアウト変更は、その内容に応じて構造設備の基準を満たさないことがあるため、事前に図面等を持参して変更内容に問題点がないかを確認する必要がある。また、構造設備に関する変更については、管轄の行政機関職員による立入検査を伴うことも多い。

　なお、構造設備の変更に関して、大規模な変更を伴うものについては、変更届出ではなく、新規許可申請の対象とする地方公共団体も存在するため、この点にも注意が必要である。

　その他、構造設備の変更に伴い工事が発生する場合には、その内容に応じて建築基準法や消防法上の手続を要することもある。

159

④　営業の種別の変更

　変更の届出対象となる事項からは、営業の種別が除外されている。つまり、営業の種別を変更する場合には、新規許可申請の対象となる。営業の種別を変更する例というのはそう多いものではないが、出入国管理及び難民認定法に基づく、在留資格「特定技能」の宿泊分野に係る人材を採用したい場合には、旅館業許可の営業の種別が「旅館・ホテル営業」である必要がある。そのため簡易宿所営業として旅館業の許可を得ている施設で、当該特定技能の人材を採用する際には、注意が必要である。なお、同一施設で営業の種別の変更による新規の許可を取得した場合には、許可と同時に従前の営業の種別の営業の廃止の届出が必要である。

⑤　営業の休止・廃止

　旅館業の営業の全部若しくは一部を停止し、若しくは廃止したときは、10日以内にその旨の届出が必要である（旅館業法施行規則第4条）。営業の廃止は明確であるが、営業の休止についての明確な基準はない。管轄する地方公共団体によっては、1か月程度の営業休止で届出を求めてくるところもあれば、リニューアル工事に伴う2か月程度の営業休止であれば特に必要ない、とするところもある。あるいは、新規許可を取得後、営業開始までに1か月程度の期間があるのであれば休止の届出を求めてくるような地方公共団体もある。この点、適宜、管轄の地方公共団体に都度確認をするのが賢明である。

　なお、旅館業法令上には明確な規定は存在しないが、営業休止の届出と関連して、営業再開の届出の様式を定めている地方公共団体もある。

②　旅館業の事業承継

　本節では、旅館業の事業承継について取り上げる。許認可は、法律によって承継が認められているものと、そうでないものが存在する。許認

第5章　許可取得後の手続等

可の承継が認められていない場合、許認可事業を承継する事業者は原則
として、新たに許認可を受ける必要がある。

　旅館業法では、①個人の相続による承継、②法人の合併・分割による
承継、③譲渡による承継を認めている。

①　相続による承継

　相続とは、ある人が亡くなったときに、亡くなった方の権利や義務、
資産や負債などを承継させる制度のことで、民法にその規定がある。亡
くなった方のことを被相続人、被相続人の権利義務等を承継する権利を
有する者のことを相続人という。相続は、人が亡くなったときに発生す
るものであるため、個人（自然人）が対象となる。

　旅館業法では、旅館業の許可を受けて旅館業を営む営業者が死亡した
場合で、相続人が、被相続人の営んでいた旅館業を引き続き営もうとす
る場合には、被相続人の死後60日以内に都道府県知事に申請をして、承
認を受けなければならない（旅館業法第3条の4第1項）。当該申請後、
承認を受けるまでの間は、被相続人が受けた旅館業の営業許可を、相続
人が受けたものとみなして、相続人が営業を継続することができる。

②　合併・分割による承継

　旅館業法は、法人の合併・分割による事業承継も認めている。合併に
よって存続する法人がすでに営業許可を受けている場合は、承継は不要
であるが、営業許可を受けていない法人を合併後の存続会社として旅館
業を承継させる場合や、分割後の法人に旅館業を承継させる場合には、
当該合併又は分割について都道府県知事の承認を受けたときに、承継し
た法人が営業者の地位を承継する（旅館業法第3条の3）。

　合併・分割というと株式会社・合同会社をイメージするであろうが、
これらに限られない。一般社団法人等の形態であっても、各法令上に合
併等の制度があれば、当該承継制度の対象となり得る[71]。

　合併には、吸収合併と新設合併があり、分割には吸収分割と新設分

161

割がある。それぞれの詳細は会社法の解説書に譲るが、本書でも会社法の規定に準じて、株式会社による合併・分割を前提として説明を試みる。

吸収合併は、合併当事者のうち吸収合併後に存続する会社と消滅する会社を定めて、当該存続会社に当該消滅会社の権利義務等の全部を承継させる制度である。新設合併は、合併当事者を消滅会社として、当該合併により新たに設立する会社に消滅会社の権利義務等の全部を承継させる制度である。吸収分割は、ある会社がその事業に関して有する権利義務の全部又は一部を、別の会社に承継させる制度である。新設分割は、ある会社がその事業に関して有する権利義務の全部又は一部を、分割により新たに設立する会社に承継させる制度である。合併では権利義務を承継させる会社は消滅するが、分割では消滅しない。

吸収合併、新設合併、吸収分割、新設分割のいずれかによって、当該合併又は分割の効力が発生するプロセスは異なるが、大枠としては、①合併・分割契約を締結する（新設分割のみ、分割計画を作成する）、②株主総会の決議によって当該合併契約・分割契約・分割計画の承認を受ける、③債権者がいる場合には官報公告等を行う、④吸収合併・分割は、合併・分割契約に規定する効力発生日に、新設合併・分割は、新設会社の成立の日に合併・分割の効力が発生し、権利義務の承継が行われる。

合併・分割による旅館業を承継しようとする者は、あらかじめその承認を受ける必要があり、承継承認申請の時期は、合併・分割契約の締結又は分割計画の作成以降、遅くとも合併等の登記申請がなされる前にする必要がある[72]。私見ではあるが、吸収合併・分割は、合併・分割の効力が発生し、合併・分割の登記申請というプロセスが同一日に行われる場合もあれば、効力発生日よりも後に登記申請が行われる場合もある。したがって、吸収合併・分割の場合については、合併・分割の効力発生

71　一般社団法人・一般財団法人には合併の制度はあるが、分割の制度はない。

72　「許可等認可等民間活動に係る規制の整理及び合理化に関する法律等による興行場法等の一部改正の施行について」、昭和60年12月24日、衛指第270号、厚生省生活衛生局長通知

第5章　許可取得後の手続等

日よりも前に旅館業許可の承継承認申請が行われるべきである。

　なお、承継の承認を受けるに際しては、承認の効力は合併・分割の効力発生により生じるとする、停止条件が付されることが一般的であり、合併・分割後に合併・分割した旨が記載された登記事項証明書の提出が求められることが多い。

③　譲渡による承継

　譲渡による承継制度は、令和5年の法改正により創設されたことはすでに述べた。譲渡の承継承認についても、合併・分割と同様に、譲渡の効力が発生するよりも前に承認を受ける必要がある[73]。

　譲渡による承継承認申請には、旅館業の譲渡を証する書類の提出が必要である。当該書類は必ずしも契約書である必要はないが、少なくとも以下の内容を記載した、当事者による譲渡の意思が明らかにされているものが必要である[74]。

・譲渡人氏名、住所（法人にあっては名称、代表者名、主たる事務所の所在地）

・譲受人氏名、住所（法人にあっては名称、代表者名、主たる事務所の所在地）

・営業施設の名称、所在地

・当該営業許可に係る事業を譲渡する旨

・譲渡の効力発生日

73　「旅館業法施行規則等の一部を改正する省令の公布等について〔旅館業法〕」、令和5年8月3日、生食発0803第1号、厚生労働省大臣官房生活衛生・食品安全審議官通知、第3(3)④

74　「旅館業法等における事業譲渡に係る規定の運用上の疑義について（通知）」、令和5年11月29日、健生衛発1129第3号・健生食監発1129第1号、厚生労働省健康生活衛生局生活衛生課長・厚生労働省健康生活衛生局食品監視安全課長通知

163

本制度の創設前には、譲渡の場合には新規で許可の取得が必要であり、提出書類の一部免除が受けられるに過ぎなかった。譲渡による承継制度が創設されたことにより、個人経営を行っていた宿泊施設が、事業承継や法人成りをする際に、従来の旅館業の営業に影響を与えることなく、また行政手続の負担を軽減できる点が最大のメリットといえる。

③ 日々の管理業務等

本節で取り上げるのは、具体的な行政手続を伴うものではない。しかし、旅館業の営業を継続して行うために守らなければならない日々の管理業務であるため、取り上げることとする。

① 構造設備基準に適合させる義務

都道府県知事は、旅館業の構造設備が旅館業法施行令で定める基準に適合しなくなったと認めるときは、営業者に対して相当の期間を定めて、施設の構造設備を基準に適合させるために必要な措置をとるよう命じることができる（旅館業法第7条の2第1項）。この命令に従わず、構造設備がいつまでも基準に適合しないような場合には、営業許可の取消や営業の停止処分が命じられる可能性がある（旅館業法第8条）。

構造設備の基準を定めている旅館業法施行令は、都道府県が条例で構造設備の基準を定めることを想定しているため、都道府県条例に基づく構造設備基準にも気を配る必要がある。

② 衛生に必要な措置

営業者は、旅館業の施設について、換気、採光、照明、防湿及び清潔その他宿泊者の衛生に必要な措置を講じなければならないほか、旅館業の施設を利用させるにあたって、政令で定める基準によらなければならない（旅館業法第4条）。政令で定める基準は、①善良の風俗が害されるような文書、図画その他の物件を旅館業の施設に掲示し、又は備え付

164

第5章　許可取得後の手続等

けないこと、②善良の風俗が害されるような広告物を掲示しないこと、の2点である（旅館業法施行令第3条）。宿泊者の衛生に必要な措置の基準は、都道府県が条例で定めることになっている。

　衛生措置基準の内容は都道府県によりさまざまであるが、厚生労働省の通達である衛生等管理要領（旅館業における衛生等管理要領）の内容を参考にして定めていることも多い。いずれにせよ、衛生措置の基準は都道府県の条例に一任されているのであるから、複数の都道府県にまたがって複数施設を営業する場合には、それぞれの基準を理解することが重要である。

③　宿泊拒否の禁止

　旅館業法では、特定の類型に当てはまらない限り、営業者は宿泊の拒否をしてはならないとしている（旅館業法第5条）。宿泊拒否をすることができる類型は、具体的には、①宿泊しようとする者が特定感染症の患者等であるとき、②宿泊しようとする者が賭博その他の違法行為又は風紀を乱す行為をするおそれがあると認められるとき、③宿泊しようとする者が、営業者に対し、その実施に伴う負担が過重であって他の宿泊者に対する宿泊に関するサービスの提供を著しく阻害するおそれのある要求として厚生労働省令で定めるものを繰り返したとき、④宿泊施設に余裕がないときその他都道府県が条例で定める事由があるときの4類型である。

　①の特定感染症の患者については第2章でも取り上げているが、感染症法上の一定の感染症に限定される。③は、いわゆるカスタマーハラスメント対策として令和5年改正で導入されたものであるが、厚生労働省令で定めるものを特定要求行為という。特定感染症と同じく第2章でも取り上げているので、そちらを参照していただきたい。④の条例で定める事由は、各地方公共団体によりその内容は異なるが、泥酔者の宿泊拒否などを定めている事例が多いように見受けられる。

　宿泊拒否についてはたびたび問題になるが、熊本県阿蘇郡南小国町に

165

あったアイレディース宮殿黒川温泉ホテル（平成16年5月6日に廃業）が、平成15年に元ハンセン病患者の宿泊を拒否した事案が特に有名である。本条の規定に違反して宿泊の拒否をした場合、50万円以下の罰金に科される可能性がある（旅館業法第11条第1号）。

　余談ではあるが、宿泊拒否に関する規定は、明治19年の内務省訓令第7号、宿屋取締規則標準においても「正当ノ理由ナクシテ旅人ノ宿泊ヲ拒絶スベカラズ」とあり、当時から宿泊の拒否について制限が課せられていたことが分かる。

④　宿泊者名簿の調製

　営業者は、宿泊者名簿を備え、当該名簿に所要の事項を記載し、都道府県知事の要求があれば当該名簿を提出しなければならない（旅館業法第6条第1項）。本条違反がある場合には、50万円以下の罰金に科される（旅館業法第11条第1号）。また、宿泊者は、営業者からの請求があったときには、宿泊者名簿に記載する事項を告げなければならず（旅館業法第6条第2項）、宿泊者が当該事項を偽って告げた場合には、拘留又は科料の対象となる（旅館業法第12条）。

　宿泊者名簿を備えるべき場所は、旅館業の施設か営業者の事務所である（旅館業法施行規則第4条の2第2項）。宿泊者名簿に記載すべき事項は、①宿泊者の氏名、②住所、③連絡先のほか、宿泊者が日本国内に住所を有しない外国人の場合には、④国籍及び⑤旅券番号、⑥その他都道府県知事が必要と認める事項である。⑥の都道府県知事が必要と認める事項については、条例で定められている（旅館業法施行規則第4条の2第3項）。

　宿泊者名簿は、正確な記載を確保するための措置を講じた上で作成し、作成の日から3年間の保存が必要である（旅館業法施行規則第4条の2第1項）。正確な記載を確保するための措置としては、本人確認を行うことが求められており、具体的には、対面や、対面と同等の手段として、宿泊者の顔及び旅券が画像により鮮明に確認できること等の要件に該当

第 5 章　許可取得後の手続等

するICTを活用した方法がある（旅館業における衛生等管理要領Ⅴ４）。

　宿泊者名簿の保管及び作成方法は、現在では書面による方法に限定されず、電磁的記録による方法も認められる（民間事業者等が行う書面の保存等における情報通信の技術の利用に関する法律（通称：e-文書法）第３条、第４条、厚生労働省の所管する法令の規定に基づく民間事業者等が行う書面の保存等における情報通信の技術の利用に関する省令第３条、第５条）。

　宿泊者名簿は、公衆衛生の確保の見地から、感染症等が発生した際に感染経路を特定し、感染症のまん延防止を図ることを目的としたものである。一方で、世界的なテロ事案等の発生を受け、安全問題に対する意識が高まっていることにもかんがみ、警察の職務上、宿泊者名簿の閲覧請求があった場合には、その職務の目的に必要な範囲で協力することが求められている。当該閲覧請求への協力は、刑事訴訟法第197条第２項に基づいて発出される捜査関係事項照会書の交付の有無に関わらず必要であり、宿泊者名簿の提供にあたっては、個人情報の保護に関する法律第27条第１項第４号に該当し、本人の同意を得る必要がない[75]。

⑤　特定感染症のまん延防止に関する協力の求め

　令和５年改正により、営業者は、特定感染症国内発生期間に限って、特定感染症の患者等に対して、感染症のまん延防止のために必要な措置への協力を求めることができるようになった（旅館業法第４条の２）。当該協力の求めは、特定感染症国内発生期間に限って行うことができるため、当該期間外には、本条を根拠に協力を求めることはできない。①特定感染症国内発生期間の考え方、②協力の求めの対象者、③協力の求めの内容は、以下の図表の通りである[76]。

---

[75]　「旅館等における宿泊者名簿への記載等の徹底について」、平成26年12月19日、健衛発1219第２号、厚生労働省健康局生活衛生課長通知

[76]　厚生労働省Webサイト、https://www.mhlw.go.jp/kaiseiryokangyohou/second_2.html、令和６年５月25日確認

①特定感染症国内発生期間

	始期	終期
一類感染症・二類感染症（※）	感染症法により、厚生労働大臣・都道府県知事が国内で発生した旨を公表したとき。	感染症法により、厚生労働大臣・都道府県知事が国内での発生がなくなった旨を公表したとき。
新型インフルエンザ等感染症	感染症法により、厚生労働大臣が国内で発生した旨を公表したとき。	感染症法により、厚生労働大臣が、その感染症が国民の大部分の免疫獲得等により新型インフルエンザ等感染症と認められなくなった旨を公表したとき。
指定感染症（感染症法の入院、宿泊療養又は自宅療養に係る規定が準用されるものに限る）	感染症法により、①厚生労働大臣が病状の程度が重篤であり、かつ、全国的かつ急速なまん延のおそれがあるものと認めて、国内で発生した旨を公表し、かつ、②政令によって、その感染症について感染症法の入院、宿泊療養又は自宅療養に係る規定が準用されたとき。	感染症法により、①厚生労働大臣が、その感染症について国民の大部分の免疫獲得等により全国的かつ急速なまん延のおそれがなくなった旨を公表したとき。又は、②政令によって、その感染症について感染症法の入院、宿泊療養及び自宅療養に係る規定がいずれも準用されなくなったとき。
新感染症	感染症法により、厚生労働大臣が国内で発生した旨を公表したとき。	感染症法により、その感染症について感染症法の一類感染症に係る規定を適用する政令が廃止されたとき。

※　結核は国内に常在すると認められる感染症であり、その特定感染症国内発生期間は、別途、厚生労働大臣の告示に基づいて定められる。

第5章　許可取得後の手続等

②協力の求めの対象者

（A）特定感染症の症状を呈している者（有症状者）
（B）特定感染症にかかっていると疑うに足りる正当な理由のある者（特定接触者）※1
（C）特定感染症の患者等（患者等）※2
（D）その他の者

※1　特定接触者については、都道府県等（主に保健所等）が「特定感染症にかかっていると疑うに足りる正当な理由のある者」と判断した者
※2　患者等は、次のいずれかに該当する者をいい、医師が他人にその感染症を感染させるおそれがほとんどないと診断した者（退院基準を満たした結核患者等）を除く
・特定感染症（新感染症を除く。）の患者
・感染症法の規定により一類感染症、二類感染症、新型インフルエンザ等感染症又は指定感染症（入院の規定を準用するものに限る。）の患者とみなされる者
・新感染症の所見がある者

③協力の求めの内容

協力の求めの内容	協力の求めの対象者		
	（A）有症状者、（B）特定接触者	（C）患者等	（D）その他の者
i　医師の診断の結果や症状の原因が特定感染症以外によることの報告	○	－	－
ii　客室等での待機	○	○	－
iii　健康状態等の確認（体温等）	○	○	○
iv　発生した特定感染症に応じて感染防止対策として求められた措置に即するものとして指針で定めるもの	○	○	○

169

おわりに

　本書は、旅館業営業許可の取得についての行政手続を解説するための書籍である。こうした書籍では、申請書等の書式を記載したり、書式の記入例を解説したりすることが一般的によく行われている。だが、本書では一貫して書類の作成方法は取り上げず、各種法令の解説や手続の流れの解説等、考え方の部分に重きを置いて取り上げてきた。これは、どちらが良い・悪いという話ではなく、書き手としてのスタンスや、書籍の想定読者をどのように設定するかによるものであると考えている。

　自分で手続をやりたい、だけど法律のことはよく分からない、といった層をターゲットにするのであれば、前者の解説本は分かりやすく、良い本だと思えるであろう。本書の想定読者層は、行政手続の専門家である行政書士や、不動産のプロである建設業者、宅地建物取引業者、不動産投資家である。こうした読者層にとっては、書式の変更や自治体ごとにこだわりポイントの異なる書類の書き方を解説することよりも、様々な条件で応用が利く内容を開示する方が、汎用性があり価値も高いと感じてもらえるに違いないと考えた。書類の書き方は、書式の変更や手続を行う地方公共団体が異なれば使えなくなるものもあり、情報としては陳腐化しやすい。

　また、本書ではケーススタディを通じて、具体的な事例を想定して旅館業許可を取得するまでの一連の流れを見てきた。しかし、実際に直面する事案はまさにケースバイケースであり、個々のケースに応じた柔軟な対応が求められる。本書では取り上げなかったが、例えば住民説明会を求められるようなケースもある。

　日本は法治国家であるが、法治国家だからと言って国会が定める法律に基づいて全国統一的に運用がなされているかというと、実際にはそうではなく、地方自治の御旗のもとに、法律によって地方公共団体へ条例制定が委任され、地方公共団体ごとに行政手続のカラー、いわゆるロー

カルルールがあるものである。本書で取り上げた旅館業は、まさにこのローカルルールが色濃く出る分野なのである。そのような分野で、統一的な解説を試みること自体が挑戦的なのであるが、本書では行政手続の考え方を示すことで、解説を試みた。本書を活用して基礎力と応用力を身に付けていただければ、旅館業のみならず、あらゆる行政手続に活用できるものであると考えている。

このような思想のもとで本書は執筆されている。もちろん、本書で触れている法律そのものも、法改正があれば情報自体は古くなり陳腐化するが、何をどこでどのように調べるのかというようなことは、法改正があろうがなかろうが、利用価値は高い。

旅館業のみならず、行政手続の基礎力と応用力を身に付けるための参考図書として本書を活用いただければ、書き手としてはこの上ない喜びである。

◆巻末資料◆　旅館業関係法令リスト

法令名	手続	手続が必要な場合
都市計画法	開発許可申請	土地の形質の変更等を伴う造成を行う
建築基準法	建築確認（用途変更確認）申請	新築・増改築・用途変更等を行う
消防法	防火管理者選任・消防計画作成・その届出	収容人員が30名以上となる
自然公園法	国立（国定）公園事業執行認可申請	国立（国定）公園内で宿泊施設の運営を行う
自然公園法	規制行為の許可申請・届出	広告物の設置等、規制行為を行う
農地法	農地転用許可申請	事業用地に農地が含まれる
森林法	林地開発行為許可申請	地域森林計画の対象となっている民有林で、土地の形質の変更等を伴う造成を行う
森林法	伐採及び伐採後の造林の届出	林地開発行為許可が不要な地域森林計画の対象の民有林で立木の伐採を行う
温泉法	温泉採取許可申請	源泉から温泉を採取する
温泉法	温泉利用許可申請	温泉を公共の飲用又は浴用のために利用する
公衆浴場法	公衆浴場営業許可申請	大浴場等を宿泊者以外に利用させる
興行場法	興行場営業許可申請	専ら映画上映や観劇をさせるための施設を設ける
クリーニング業法	クリーニング所開設届出	衣類等のクリーニングの取次ぎを行う
建築物における衛生的環境の確保に関する法律	特定建築物設置届出	宿泊施設該当部分の床面積が3,000㎡以上
食品衛生法	営業許可申請・届出	食品の調理や販売を行う

プール（条例等）	設置許可申請・設置届出	遊泳用プールを設置する
コインランドリー（条例等）	開設届出	コインランドリーを設置する
水道法	専用水道布設工事確認申請	水道等以外の水源を使用して一定規模以上の給水を行う
水道法（条例等）	簡易専用水道設置届出	水道直結の貯水槽を設置して、貯水槽から給水する
浄化槽法	浄化槽設置届出	浄化槽を設置する
水質汚濁防止法	特定施設設置届出	終末処理場のない公共用水域に排水を排出する
大気汚染防止法	ばい煙発生施設設置届出	ボイラー等の施設を設置する
騒音規制法	特定施設設置届出	送風機等の施設を設置する
振動規制法	特定施設設置届出	送風機等の施設を設置する
電気事業法	保安規程作成・主任技術者選任・その届出	発電設備等の事業用電気工作物を設置する
屋外広告物法	屋外広告物設置許可申請	案内板等の野立て看板を設置する
道路法	占用許可申請	道路を一定期間に渡って占用する（地中・空中を含む）
河川法	占用許可申請	河川を一定期間に渡って占用する
港湾法	占用許可申請	港湾を一定期間に渡って占用する
海岸法	占用許可申請	海岸を一定期間に渡って占用する
酒税法	酒類販売業免許申請	未開栓の酒類を売店等で販売する
風俗営業等の規制及び業務の適正化等に関する法律	風俗営業許可申請・深夜酒類提供飲食店営業開設届出	スナックや深夜営業するバーを設置する

【筆者プロフィール】

谷内田　真也 (やちだ　まさや)

東京都行政書士会所属、特定行政書士。行政書士ＴＬＡ観光法務　代表。
観光分野に特化した行政書士として、旅行会社、ホテル、旅館、民泊事業者
などを中心に許認可手続等の行政手続や事業運営の課題解決、リスクマネジ
メント支援といったコンサルティングにも注力している。

旅館・ホテルの開業手続　完全ガイド

―関連許認可と3つのケーススタディ―

2024年10月17日　初版第1刷印刷
2024年10月23日　初版第1刷発行

著　　者　　谷　内　田　　真　　也

監　　修　　伊　　藤　　　　浩

発　行　者　　市　　倉　　　　泰

発　行　所　　株式会社 **恒　春　閣**

〒114-0001　東京都北区東十条6‐6‐18
tel. 03‐6903‐8563・fax. 03‐6903‐8613
https://www.koshunkaku.jp

ISBN978-4-910899-15-2　　　　印刷／日本ハイコム株式会社
定価：2,200円（本体：2,000円）

〈検印省略〉
Koshunkaku Co., Ltd.
Printed in Japan

KOSHUNKAKU

本書のコピー、スキャン、デジタル化等の無断複製は著作権法上での例外を
除き禁じられています。本書を代行業者等の第三者に依頼してスキャンやデ
ジタル化することはたとえ個人や家庭内での利用であっても著作権法上認め
られておりません。